CONCEITOS ELEMENTARES DA OBRA DE W. R. BION

Blucher

CONCEITOS ELEMENTARES DA OBRA DE W. R. BION

Organizador

Paulo de Moraes Mendonça Ribeiro

Conceitos elementares da obra de W. R. Bion

Publisher Edgard Blücher
Editores Eduardo Blucher e Jonatas Eliakim
Coordenação editorial Andressa Lira
Produção editorial Lidiane Pedroso Gonçalves
Preparação de texto Ana Lúcia dos Santos
Diagramação Negrito Produção Editorial
Revisão de texto Maurício Katayama
Capa Laércio Flenic
Imagem da capa Thaís Helena Thomé Marques, *Da escuridão*

Blucher

Rua Pedroso Alvarenga, 1245, 4º andar
04531-934 – São Paulo – SP – Brasil
Tel.: 55 11 3078-5366
contato@blucher.com.br
www.blucher.com.br

Segundo o Novo Acordo Ortográfico, conforme 6. ed. do *Vocabulário Ortográfico da Língua Portuguesa*, Academia Brasileira de Letras, julho de 2021.

Dados Internacionais de Catalogação na Publicação (CIP)
Angélica Ilacqua CRB-8/7057

Conceitos elementares da obra de W. R. Bion/ organizado por Paulo de Moraes Mendonça Ribeiro. – São Paulo: Blucher, 2023.

254 p.

Bibliografia

ISBN 978-65-5506-328-8

1. Psicanálise 2. Bion, Wilfred R. (Wilfred Ruprecht) – 1897-1979 3. Ribeiro, Paulo de Moares Mendonça

22-7173 CDD 150.195

Índice para catálogo sistemático:
1. Psicanálise

Autores

Beatriz Troncon Busatto, Fernanda Sivaldi Roberti Passalacqua, José Américo Junqueira de Mattos, José Cesário Francisco Jr., Maria Aparecida Sidericoudes Polacchini, Maria Bernadete Amêndola Contart de Assis, Martha Maria de Moraes Ribeiro, Mércia Maranhão Fagundes, Miguel Marques, Paulo de Moraes Mendonça Ribeiro, Rachel Barbosa Lomônaco Beltrame, Sandra Luiza Nunes Caseiro, Sônia Maria Mendes Eleutério Mestriner, Thaís Helena Thomé Marques

Comissão editorial

Paulo de Moraes Mendonça Ribeiro (organizador), Denise Lea Moratelli, Érika Araújo Silva, Mônica Bitar Santamarina Araújo, Patrícia Sabbag Farah Peruchi, Simone Hurtado Bianchi Sanches

Agradecimentos

Queremos agradecer aos colegas da SBPRP que prontamente aceitaram nosso convite para participar como palestrantes e autores neste projeto intitulado Conceitos Elementares da Obra de W. R. Bion: Beatriz Troncon Busatto, Fernanda Sivaldi Roberti Passalacqua, José Américo Junqueira de Mattos, José Cesário Francisco Jr., Maria Aparecida Sidericoudes Polacchini, Maria Bernadete Amêndola Contart de Assis, Martha Maria de Moraes Ribeiro, Mércia Maranhão Fagundes, Miguel Marques, Paulo de Moraes Mendonça Ribeiro, Rachel Barbosa Lomônaco Beltrame, Sandra Luiza Nunes Caseiro, Sônia Maria Mendes Eleutério Mestriner e Thaís Helena Thomé Marques. Todos trabalharam incansavelmente pela expansão e evolução da nossa Sociedade, mesmo nos tempos sombrios e preocupantes de pandemia. Nossa gratidão!

Nosso reconhecimento e gratidão à equipe coordenada pela colega Mônica Bitar Santamarina Araújo, que dedicadamente trabalhou na execução do curso Conceitos Elementares da Obra de W. R. Bion e na sua tradução em língua escrita, que resultou nesta preciosa obra: Denise Lea Moratelli, Érika Araújo Silva, Patrícia

Sabbag Farah Peruchi, Simone Hurtado Bianchi Sanches. Sem essas colegas, este projeto não teria as dimensões que alcançou.

Agradecemos à diretoria da SBPRP, especialmente à sua presidência, diretoria científica e diretoria de publicações por nos dar total liberdade para confeccionar esse curso, que resultou na publicação deste valioso material científico.

Por fim, agradecemos profundamente a todos os participantes das palestras do curso, cuja participação ativa, despretensiosa, generosa e criativa nos estimulou a avançarmos no projeto e elaborarmos este livro, que agora chega às mãos de todos os leitores interessados no pensamento de W. R. Bion.

Paulo de Moraes Mendonça Ribeiro

Coordenador-geral do projeto Conceitos Elementares
da Obra de W. R. Bion

Prólogo

> *A crença de que a realidade é algo que é conhecido, ou poderia ser conhecida, é equivocada porque realidade não é algo que se presta, por si, a ser conhecido. É impossível conhecer realidade pela mesma razão que é impossível cantar batatas: pode-se plantá-las, colhê-las, ingeri-las, mas não cantá-las. Realidade tem que ser "sendo": precisaria existir um verbo transitivo "ser", para ser usado expressamente com o termo "realidade. (Bion, 1965, p. 162)*[1]

Bion foi um autor capaz de incluir as "batatas" em seus ensinamentos. Faz-nos pensar se seria possível "cantarmos batatas"... Essa capacidade para o inusitado, para o estranho e não pensado inaugurou vértices de observação para além do que os psicanalistas estavam acostumados até então.

---

1 Bion, W. R. (2004). *Transformações: do aprendizado ao crescimento*. Trad. Paulo Cesar Sandler. 2ª edição, Ed. Imago. (Trabalho original publicado em 1965)

Diante dessa revolução na teoria e na prática da psicanálise, há tempos procurávamos uma obra que compilasse os principais temas do autor de forma introdutória e que permitisse ao leitor uma ideia inicial, uma espécie de norte, rumo ou vértice que favorecesse o posterior estudo aprofundado dos textos originais do autor.

Sabemos que nada substitui a leitura de um texto original. Essa é uma experiência semelhante à de observar a reprodução de uma pintura, como um pôster da obra *Guernica*, de Picasso, e, em um momento posterior, viver a experiência emocional de estar diante da obra original. As reproduções, quando boas, preparam-nos para a plena experiência junto à fonte nascente da originalidade e da criatividade. Esta é a intenção deste livro: estimular no leitor uma espécie de alicerce que permita o estudo posterior das obras do Bion, de forma consistente e aprofundada.

O livro nasceu em um momento delicado da humanidade e da Sociedade Brasileira de Psicanálise de Ribeirão Preto (SBPRP). Estávamos em plena pandemia, e os encontros científicos presenciais foram suspensos. Nossas atividades científicas, reuniões e nossos seminários precisariam ser virtuais, mas, até aquele momento, era pequena a nossa experiência com esse tipo de tecnologia.

Buscamos, então, desenvolver os meios para tornar possível um projeto que viabilizasse os encontros científicos virtuais, e surgiu-nos a ideia de reunir os principais pensadores do referencial bioniano da SBPRP em um curso on-line. Reunimos os nossos membros efetivos com funções didáticas e solicitamos que cada um contemplasse temas centrais da obra do Bion, de forma didática, em uma linguagem simples, direta e espontânea.

O resultado de todo esse empenho foi um curso on-line que teve dezoito encontros. Os colegas inscritos no curso felizmente participaram vivamente das atividades, promovendo um clima de colaboração criativa entre todos. No final de toda essa experiência, tínhamos em mãos um material muito precioso, uma vez que tudo foi devidamente registrado. Resolvemos, então, transcrever e compilar os encontros na forma de capítulos deste livro, que agora oferecemos ao público interessado no pensamento de Bion.

O leitor poderá degustar este livro das mais variadas formas. Pode ir direto ao capítulo do seu interesse, começar pelo último e ir em direção ao primeiro, começar pelo meio... Ele vai, eventualmente, perceber que existe uma coerência entre os temas e certa linearidade cronológica que obedeceu à sequência de publicação do Bion. Entretanto, como Bion mesmo nos ensinou, a ordem cronológica é uma mera convenção; assim, não a respeitamos rigidamente, e o leitor tem total liberdade para explorar o manancial deste livro da forma que se sentir mais estimulado!

O livro se inicia com uma preciosa entrevista com um dos principais expoentes do pensamento de Bion no Brasil: Dr. José Américo Junqueira de Mattos. Ele foi um dos dois únicos brasileiros analisados por Bion, e essa entrevista buscou focalizar a experiência pessoal dele com o homem Bion, com a pessoa que ele foi. Seguem-se os capítulos escritos pelos colegas da SBPRP estudiosos da obra de Bion e que buscaram delinear os principais conceitos apresentados e expandidos por esse magnífico autor que tanto revolucionou a psicanálise praticada pelos psicanalistas contemporâneos.

Para todos nós, Bion está vivo! Existe uma data que celebra o seu nascimento e outra que marca o dia de sua partida. Todavia, uma obra como esta, que agora temos a chance de oferecer aos colegas interessados, constitui evidência de como o pensamento desse autor ainda se prolifera e reverbera de forma contundente. E assim continuará por muito tempo...

O leitor atento terá a oportunidade de visitar o pensamento de Bion sob os múltiplos vértices abordados pelos competentes colegas da SBPRP. Esperamos que todos tenham um ótimo proveito na leitura e que esta reverbere em expansões pessoais e na prática clínica de cada um. Bom proveito!

Paulo de Moraes Mendonça Ribeiro

Membro efetivo com funções didáticas da SBPRP

Coordenador-geral do projeto Conceitos Elementares da Obra de W. R. Bion

Conteúdo

1. Quem foi W. R. Bion? Entrevista com Dr. José Américo Junqueira de Mattos

Martha Maria de Moraes Ribeiro

Maria Aparecida Sidericoudes Polacchini

Introdução

Paulo de Moraes Mendonça Ribeiro

O nosso entrevistado, o colega Dr. José Américo Junqueira de Mattos, nasceu em maio de 1934, em Uberaba-MG. Formou-se em medicina pela Universidade Federal do Triângulo Mineiro de Uberaba. Junqueira fez sua formação psicanalítica oficial em São Paulo e, em 1976, qualificou-se como membro associado da Sociedade Brasileira de Psicanálise de São Paulo (SBPSP). Atualmente, é analista didata da SBPSP e analista com funções didáticas da SBPRP.

Logo após terminar sua formação oficial como psicanalista, em 1977, Junqueira mudou-se com sua família para Los Angeles, nos Estados Unidos, para fazer sua análise pessoal com Wilfred Bion. Ao voltar de lá, escreveu o precioso trabalho "Impressões de minha análise com Wilfred R. Bion", agora um livro da Editora Blucher.

Sua experiência de análise pessoal com o Dr. Bion ofereceu-lhe um vértice de observação único, o qual compartilha conosco nesta rica e emocionante entrevista que foi cuidadosamente elaborada pelas nossas colegas Maria Aparecida Sidericoudes Polacchini e Martha Maria de Moraes Ribeiro, ambas analistas com funções didáticas da SBPRP.

Temos acesso aos dados biográficos do Dr. Bion; há várias fontes disponíveis para tal. Entretanto, nosso intuito na experiência da entrevista é diferente. Queremos conhecer um pouco mais do homem por detrás do psicanalista, o Bion como ser humano, o Bion para além do cientista e do psicanalista clínico formidável que sabemos que ele foi – e continuará sendo.

Foi nesse sentido que as colegas Cida e Martha elaboraram as questões que se seguem. Como verão, elas fizeram isso com amor, dedicação e esmero, gerando uma oportunidade privilegiada de acesso ao admirável Dr. W. R. Bion, por meio do nosso querido e generoso colega Dr. Junqueira.

A entrevista foi coordenada pela colega Mônica Bitar Santamarina Araújo e aconteceu no auditório da SBPRP, no dia 22 de fevereiro de 2021.

  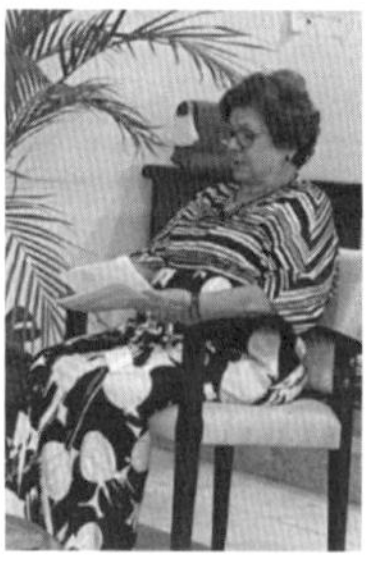

Figura 1.1 – Dr. Junqueira, dra. Maria Aparecida e dra. Martha Maria.

Entrevista

Primeira questão

Cida: Dr. Junqueira, tenho uma predileção por aquele Bion que nos foi apresentado pelo senhor em seu consagrado texto "Impressões de minha análise com Wilfred R. Bion", que coincide com os últimos anos de vida dele (1977/1979). Sempre que oportuno, tenho sugerido aos colegas a leitura desse texto, agora editado pela Editora Blucher (2018). No prefácio do livro, o Dr. João Braga o define como "raridade histórica do trabalho clínico de Bion" (p. 10). Então, gostaria de saber o seguinte: hoje, para o senhor, o que se destacaria como impressão maior dessa pessoa – desse analista encarnado, real, de sua experiência emocional com ele compartilhada –, o Dr. Bion, como a ele o senhor se refere com tanto apreço?

Dr. Junqueira: é um prazer rever vocês, Cida e Martha, pessoas que eu tanto amo! Olha, Cida, é bastante difícil destacar o que é mais relevante na experiência que tive com o Dr. Bion. Eu posso te afirmar que essa experiência continua muito viva, apesar de passadas tantas décadas de minha experiência com ele.

Em 1972, quando de sua primeira vinda ao Brasil, em uma das suas conferências, ele se referiu a Milton. Bom, eu me lembrei de quando eu era criança. Meu pai era poeta e tinha uma biblioteca grande, com uma edição de *Paraíso Perdido*, de Milton, ilustrada por Gustave Doré, que tem figuras muito lindas! Muito bem, eu me lembrei de estar folheando aquele livro e admirando aquelas figuras. Quando o Dr. Bion falou isso, eu pensei: essa pessoa pode me entender! Aí nasceu o primeiro desejo de eu me analisar com ele – isso foi em 1972, e esse desejo nunca mais arrefeceu. E, com o tempo, tornou-se uma força quase incoercível, a que eu precisava, então, de uma certa forma, obedecer. Muito bem. Mas, quando eu decidi, e eu me decidi porque eu não me sentia entendido pelo analista com quem eu estava fazendo análise – eu não vou entrar em detalhes porque isso é outra conversa –, comecei a me preparar para ir para o exterior, comecei a estudar inglês. Faço uma pequena notação, em 1975, quando ele veio ao Brasil, mais especificamente em Brasília. Depois de uma das supervisões, eu pedi para falar alguns minutos com ele. Quando terminou a supervisão, ele me chamou, e eu disse que, se ele arrumasse horários para mim, eu me mudaria para Los Angeles para fazer análise com ele. Ele pensou um pouco e perguntou com quem eu fazia análise, eu disse que era com o Frank Phillips. Então, ele disse que infelizmente já tinha tomado todos os pacientes que ele podia atender durante a vida dele e que não poderia, então. No ano seguinte, terminei a análise com o Frank Phillips e imediatamente fui à sede da Sociedade e peguei o endereço do Dr. Bion. Escrevi uma carta completa para ele, explicando quais eram todos os motivos pelos quais eu queria fazer análise com ele. Mais ou menos uns vinte dias depois, eu recebi a resposta dele me dizendo que, se eu pudesse estar lá no começo de setembro do ano seguinte, ele teria horários para mim. Foi o que aconteceu. Agora, quando eu fui, eu estava um pouco inseguro porque, ainda que eu falasse bem o inglês, eu não dominava a língua, não sabia se seria o suficiente para fazer análise. Mas, com muita esperança, eu fui e, na verdade, jamais tive problema algum de língua com o Dr. Bion. Ele entendia meu inglês meio 'amineirado', e nos demos muito bem nesse aspecto! Já na primeira sessão, quando eu me abri com ele sobre os motivos pelos quais eu o procurava, eu me senti completamente à vontade, e as coisas se engrenaram. Eu tive, realmente, uma experiência fantástica com ele.

Segunda questão

Cida: Bion escreveu continuamente, produziu textos psicanalíticos desafiadores, teóricos e de técnica, até o fim de sua vida, em 1979, tendo inclusive alguns trabalhos editados postumamente. Na evolução de seu pensamento psicanalítico, o desprendimento da teoria kleiniana é notório, em direção às próprias e originais elaborações. Em sua experiência com ele, de que modo as próprias teorias compareciam na situação de análise? O senhor considera que, nesse período, a despeito de sua originalidade, a influência da teoria kleiniana – ou de Melanie Klein – era ainda presente nele?

Dr. Junqueira: olha, Cida, eu não posso dizer isso, que aparecia ou não; eu acho que não. Ele tinha um lindo retrato da Melanie Klein em cima da escrivaninha dele. Então, eu imagino que ele fosse muito ligado a ela. Mas que aparecesse isso em análise, não. Eu só me recordo, aliás, ele nunca dava interpretações teóricas, isso nunca; eu só me recordo de uma única vez. Foi o seguinte: no restaurante do hotel em que eu estava, fato ocorrido antes de a minha esposa, Yvonne, ir para Los Angeles, os pratos vinham numerados. Então, eu disse para a garçonete que me atendia: *I want the second*, e ela disse: *Ah, number two?*". E eu disse: *No, the second*. Então, eu peguei o automóvel e fui para a análise chateado, pensando: será que eu vou ter de falar só do jeito que esse povo quer que eu fale, não vou nunca me enganar? Aí, eu falei para o Dr. Bion que, com ele, eu não sentia esse problema. Eu lhe disse que me senti como se estivesse no Leito de Procusto, que tinha de caber na medida que era preestabelecida. Ao que ele me disse: "o primeiro Leito de Procusto que o Sr. visitou foi quando saiu da sua mãe". Interessante! Agora, na realidade, dificuldade de idioma com ele eu não tive. Tive em muitos locais em Los Angeles, mas, com ele, não.

Cida: essa interpretação que é meio kleiniana, meio bioniana parece ser uma integração.

Dr. Junqueira: interessante, Cida, que, muito tempo depois, quando eu estava revisando as supervisões gravadas, ele fala sobre isso, de, ao nascer, sentir-se como se estivesse sendo castrado. Eu acho que Melanie Klein deve ter dado essa interpretação para ele.

Terceira questão

Martha: Pensando sobre amor à verdade e à vida, um intransigente amor à verdade marcou a personalidade do Dr. Bion. Sabemos que experiências de vida são fundamentais ao trabalho clínico de um psicanalista. Consideremos que ele nasceu na Índia, teve uma rígida educação inglesa clássica, foi um ativo combatente nas duas Grandes Guerras, foi professor de educação física e de história, foi cirurgião, foi psiquiatra (criador de consagradas técnicas de psicoterapia em grupo), psicanalista praticante, marido, pai e avô querido pela família. Portanto, a vida de Bion foi marcada por profundas experiências que, embora difíceis, deram-lhe substrato para transcender seu percurso existencial. No interjogo entre vida e morte, a "vida" se consagrou. Perguntamos então: Como esses traços humanísticos de sua personalidade se revelavam na situação clínica? Ele era um analista alegre? Esperançoso? Bem-humorado?

Dr. Junqueira: eu acho essa pergunta muito interessante! Em primeiro lugar, Martha, esse amor à verdade, que é fundamental, penso que, em perguntas subsequentes, vai aparecer. Agora, é muito interessante, porque Dr. Bion não era uma pessoa alegre; ele era uma pessoa taciturna, e eu nunca o vi sorrir. Apesar de eu ser meio brincalhão e fazer umas brincadeiras na análise, eu nunca o vi sorrir. Uma vez, para vocês terem uma ideia, eu estava lendo Voltaire, *Cândido*, eu não sei se vocês leram, mas é a obra-prima de Voltaire. Lá, o Dr. Pangloss, que era o mentor do Cândido, tinha a filosofia de que tudo o que acontecia era sempre para o melhor dos mundos, tal era o otimismo dele. Quando eu levei isso para a minha análise, Dr. Bion me disse: "O Sr. acha que, com esse mundo que nós temos, é razão para ter tanto otimismo?". Ele lutou nas duas Grandes Guerras, eu senti o profundo amor que ele tinha ao ser humano e, como você disse, um respeito fundamental à verdade. Entretanto, eu não o achava otimista.

Martha: Ele sofreu lutos importantes, a primeira esposa faleceu...

Dr. Junqueira: Por exemplo, eu me lembro de ele ter falado na análise que, lá em Hiroshima, quando jogaram a bomba, as pessoas no nível da explosão, do epicentro da explosão, viraram cinzas instantaneamente. E, hoje, todos nós sabemos que, com os armamentos que temos, podemos fazer isso com a humanidade, e ela virar cinzas várias vezes. Acho que muito alegre ele não era...

Quarta questão

Martha: Sobre viver em uma terra estrangeira e os novos *settings* atuais, sabemos, por meio dos estudos biográficos dos pioneiros de nossa ciência, que Freud, Klein e Bion trabalharam e viveram longe de suas terras natais, no estrangeiro, em grande parte de suas vidas.

Bion nasceu na Índia, viveu, estudou e formou-se em Londres, trabalhou seus últimos anos em Los Angeles (Estados Unidos) e em outros países. O senhor saiu de sua terra natal para fazer análise com Dr. Bion, em Los Angeles, viveu a experiência de análise com ele, chegando inclusive a se analisar durante o período de férias dele, na França. Podemos afirmar que estiveram juntos em território compartilhado e estrangeiro, significando uma grande liberdade para construírem o *setting* analítico nos mais diversos lugares do mundo. Pergunto, Dr. Junqueira: poder-se-ia afirmar que, mesmo muito antes do advento das atuais análises on-line, a construção do *setting* analítico transcende os limites da linguagem, das barreiras físicas e geográficas? Nessa terra "estrangeira", como se revelavam os movimentos de construção dos novos *settings* analíticos?

Dr. Junqueira: olha, Martha, o que eu sei e o que eu sinto é que o *setting* depende essencialmente das duas pessoas que estão ali e que são copartícipes daquela experiência. Por exemplo, como eu disse, a língua não foi barreira para o meu entendimento com o Dr. Bion. Por outro lado, nós tivemos várias modificações do *setting* quando, lá em Los Angeles, com a premência do tempo que eu tinha, eu pedi para ele se poderia aumentar os dias da minha análise; mas, como ele não trabalhava nem às sextas nem aos sábados, o que nós combinamos foi fazer duas sessões juntas às segundas-feiras; e, quando eu fiz análise com ele em Londres, nós fizemos sete sessões por semana. E mais: lá em Londres, nos dois últimos meses de análise, ele estava hospedado em um hotel que tinha uma pequena saleta no quarto dele, uma antessala, e nós fazíamos a análise nessa pequena saleta; inclusive, a Dona Francesca tinha de sair para eu poder fazer a sessão. E ali não tinha divã, então, a análise foi feita tête-à-tête, outra mudança no *setting*, mostrando que ele tinha uma liberdade muito grande para isso, entende?

Martha: mostrando que o *setting* é muito mais interno do que externo (um mobiliário).

Dr. Junqueira: exatamente! E depende também de um vínculo transferencial intenso, capaz de levar a um entendimento profundo.

Quinta questão

Cida: As teorias de Bion sobre a psicose, sobre o pensamento, a verdade, bem como as reflexões sobre a relação analítica, têm como um dos modelos, especialmente, a experiência da Primeira Grande Guerra, vivida por ele em sua juventude, exemplo de transformações em conhecimento psicanalítico dessa profunda e dolorosa experiência nos combates. Essa experiência também compareceu fortemente em sua autobiografia. O senhor esteve com ele após décadas dessa experiência vivida na Guerra; era perceptível na pessoa de Dr. Bion a presença e a dor dessas experiências? Como?

Dr. Junqueira: Cida, você falou em psicose. Então, como nós sabemos que ele desenvolveu trabalhos muito interessantes, nos quais mostra a importância da parte psicótica da humanidade, do ser humano, eu acho que ele sentia que o ser humano era suficientemente louco para se destruir. Agora que eu estou aposentado e que tenho lido demais, chegando a ler três ou quatro livros por semana, eu tenho lido muito sobre história, e a história da humanidade podemos resumir nas guerras sucessivas que sempre travamos. Entretanto, antigamente, era com arco e flecha; agora, é com arma atômica, a coisa mudou muito. A potência do autodestruir é muito presente e, eu penso que isso preocupava o Dr. Bion, porque eu sentia que ele tinha também um profundo amor ao ser humano. Eu sinto, por exemplo, que ele pôde me acolher profundamente, e eu sentia que ele se importava comigo e tinha afeto por mim. E isso era muito importante para minha análise.

Sexta questão

Cida: Entre os anos de 1972 e 1978, Bion esteve quatro vezes no Brasil, conduzindo supervisões, que o senhor traduziu e generosamente disponibilizou ao público interessado. Nessas supervisões, e em outras realizadas em diversos países, bem como nos seus seminários, uma das fortes marcas e influências que ele deixou foi sua firme e tranquila postura de indagar, problematizar, ou seja, priorizar a investigação dos fenômenos em curso, o não saber e o preestabelecido; Bion estava sempre em busca do desconhecido, do novo, encarnando, por assim dizer, o que constitui uma atitude socrática. Dr. Bion parecia ser resolutamente voltado ao desconhecido, uma disposição que poderíamos dizer inerente à personalidade dele? Gostaríamos que nos contasse um pouco como isso aparecia na relação com ele.

Dr. Junqueira: olha, Cida, isso aparecia de uma forma total; a Martha já se referiu à importância da verdade para ele. Vocês todos que estudaram a obra dele sabem que, para Bion, a verdade é algo a ser atingido. Então, na verdade, uma análise nunca finda, porque tem sempre mais e mais a ser visto; é como o horizonte que está assim, sempre à frente de nós. Muito bem, agora, você, então, falou sobre o desconhecido. Como a verdade está para ser sempre descoberta, o desconhecido anda na frente de nós. Por isso, o Cemitério de Ur, onde as tumbas dos reis egípcios foram violadas por salteadores séculos depois de lacradas, é um mito que ele revela desde cedo e que é tão importante, porque abre um caminho para investigar o desconhecido. Eu não vejo em nenhum dos precursores da psicanálise, nem nos grandes, como Freud, Melanie Klein, Abraham etc., essa importância dada ao desconhecido e esse amor à verdade. Pode ser que eu seja um pouco tendencioso, mas é como eu sinto.

Cida: sim, parece que isso caracteriza muito a pessoa do Dr. Bion.

Sétima questão

Martha: Atualmente, os psicanalistas se voltam, com muito empenho, a estudar a última grande obra de Bion, o ainda polêmico *Uma memória do futuro*. Buscam apreender, por meio da ficcionalidade, a multidimensionalidade da mente, transcendendo paradigmas. Uma memória do futuro, no âmbito da ficcionalidade, é resultante de um cientista que sonha e elabora, sem unilateralidades de campos de trabalho. Essa experiência dialoga com um dado publicado no seu livro *Impressões de minha análise com Wilfred R. Bion* (2018), no qual o senhor, Dr. Junqueira, foi convidado a declamar um poema em português para seu analista, que, não conhecendo a língua lusa, ateve-se à sonoridade do plano de expressão. O senhor afirma tê-lo tocado em poesia. Pergunto-lhe: será esse o talento, a sensibilidade de um mestre que nos ensina a sermos analistas em qualquer tempo e lugar? Era assim que Bion trabalhava?

Dr. Junqueira: olha, Martha, a importância da poesia era uma coisa que chamava a atenção no Dr. Bion, por exemplo, os grandes poetas: Milton, Shakespeare, e não só os de fala inglesa, mas também outros, como Cervantes, Camões e até um poeta pouco conhecido, como Gregório de Matos, além de São João da Cruz etc. eram citações dele na minha análise. Shakespeare era uma pessoa fundamental. Ele conhecia obras de Shakespeare de forma impressionante! Eu me lembro de uma vez que eu comprei, lá em Londres, um K7 que trazia o texto de Macbeth, trazia o sonho da Lady Macbeth quando ela lavava então as mãos, e o sangue não desaparecia das mãos, e ela ficou maluca com aquilo. Então, eu relacionei o sonho como realização de desejos do Freud. O Dr. Bion disse que poderíamos falar de Shakespeare como o primeiro psicanalista da história. Ele inclusive fala, em uma das "Conferências Brasileiras", da importância da arte para a formação do psicanalista.

E não era só a literatura; a música também. E, por exemplo, ele tinha uma profunda admiração por Picasso; uma vez, lá nos Estados Unidos, eu tinha ido ver aquele retrato da grande poetisa americana Gertrude Stein em uma exposição do Picasso. Picasso a retratou em duas oportunidades; na segunda, quando ele terminou o quadro, ela não gostou e falou-lhe que não se parecia com ela. Aí ele disse para ela: "Vai parecer um dia". O Dr. Bion me disse que grandes artistas como Picasso poderiam captar traços de personalidades que podem não aparecer hoje, mas que podem aparecer no futuro.

Oitava questão

Martha: Vamos retomar uma questão que bordejamos. Em uma de suas primeiras visitas ao Brasil, na série de conferências realizadas em São Paulo, seu contato com os brasileiros deu-se por meio de uma fábula descrita como relato histórico: o Cemitério Real de Ur. Tal história inclui mortes, maldições, drogas, religiosidade etc. Conta-nos Bion que, quando morreu o rei, os ministros da corte se alojaram junto ao seu cadáver, em uma tumba escavada. Foram vestidos de roupas riquíssimas, usaram as melhores joias e tomaram uma droga em pequenos copos que foram encontrados junto aos seus corpos. Séculos depois, a tumba foi saqueada, e encontraram seus corpos junto com grandes riquezas. Bion assinalou que esses saqueadores foram os primeiros investigadores em ciência da humanidade. Assim, construiu uma teoria de modelos que nos organiza para entrarmos com o paciente no campo analítico. Os mitos, as referências históricas, estéticas e filosóficas fazem parte da construção dos modelos que Bion utilizava. A história mítica do Cemitério de Ur e outros mitos, como o Édipo Rei, Jardim do Éden, Torre de Babel e Morte de Palinuro, foram eleitas matrizes para pensar a psicanálise e desenvolver o processo analítico. Pergunto: Em sua relação com Bion, como ele utilizava essas matrizes?

Dr. Junqueira: olha, a importância dos mitos na análise estava sempre presente; agora, o que eu acho fundamental, Martha, é a questão do desconhecido, de nós focarmos sempre no desconhecido. No entanto, quando o analista tem essa postura na relação transferencial, a coisa, no começo, não é muito fácil de suportar, porque, de uma forma ou de outra, se adequar à busca do desconhecido assusta, o ser humano tem medo do desconhecido, ele se assusta. Por isso essa importância que o Dr. Bion deu aos salteadores da Tumba de Ur! Ele buscava esse desconhecido, e eu era convidado a participar disso, trabalhávamos buscando isso, mas, de fato, não era uma coisa muito fácil. Com o desenvolver da análise, fica mais fácil, quando nós nos convencermos que é assim mesmo. Fazer análise não é fácil, afinal, não é para todo mundo que a análise é possível.

Nona questão

Cida: André Green, como consta no livro *Um psicanalista engajado* (p. 164), teve com Bion uma relação profunda de amizade e, referindo-se a ele, disse: "Para ele, ser psicanalista era dar prova de um conhecimento autêntico e profundo da mente humana de qualquer maneira que a abordemos, não forçosamente pela teoria psicanalítica". Assim, gênios da arte, da música, da literatura, da filosofia, eram considerados por Bion analistas ou precursores da psicanálise. E Bion os cita em profusão. Em sua experiência, compareciam com frequência, em Dr. Bion, as várias linguagens, os vários vértices que levavam a um profundo contato com o mundo mental: científico, estético, religioso, filosófico, místico etc.?

Dr. Junqueira: Cida, eu acho que o Dr. Bion é, de fato, um analista único. Veja, por exemplo, Freud não via que a filosofia pudesse contribuir para a psicanálise, eu não vejo, pelo que li de Melanie Klein, referências filosóficas também. Agora, veja a importância dos aspectos filosóficos na obra do Bion! Vocês até fizeram aqui uma jornada sobre as matrizes filosóficas do Dr. Bion. Quanto ele deveu a Kant, por exemplo! Eu destacaria também, além de tudo o que já conversamos, uma coisa muito importante: a linguagem. Ele era uma pessoa profundamente culta e conhecia no inglês as raízes latinas das palavras, coisas que os americanos não conhecem, entende? Ou conhecem muito pouco. Por exemplo, eu tinha professores lá onde eu estudava inglês que se admiravam das palavras em inglês que eu sabia e eles próprios não sabiam, porque eles não se preocupavam com sua raiz latina; agora, o Dr. Bion, ele sabia tudo isso. Uma vez, por exemplo, eu estava falando para Dr. Bion, eu não sei se vocês conhecem, sobre o livro *Os trabalhadores do mar*, de Victor Hugo; há ali há uma passagem que um polvo pega um sujeito e o envolve nos tentáculos, só que eu não sabia como falava polvo em inglês, aí eu falei "octopus", que é latim e é nome de polvo em inglês. A linguagem era para ele uma coisa muito importante.

Cida: era, sim, Dr. Junqueira, e para o Sr. também, que é capaz dessa expansão por meio da linguagem. Isso é muito bom!

Décima questão

Martha: No Brasil, atualmente, muitas sociedades de psicanálise se voltam para estudos de Bion. O curso Matrizes Míticas na Obra de Bion, em Ribeirão Preto, se materializou em publicação editada na Editora Blucher. Na sequência, realizou-se, também na SBPRP, o evento sobre as matrizes filosóficas desse pensador nuclear, que também se constituirá em nova publicação. Neste ano de 2021, está sendo proposto um novo curso sobre a obra de Bion, o qual se inicia com esta entrevista. Perguntamos: o que pensa o senhor, como um dos pioneiros da SBPRP, sobre o estudo do pensamento de Bion na formação de novos analistas? Qual a relevância, a seu ver, do estudo de sua obra para o futuro da psicanálise? Como vê a conjugação da investigação científica, modalizada pela formação humanística, em que mitologia, filosofia, arte, literatura, música e outras formas de expressão estética integram os saberes?

Dr. Junqueira: olha, Martha, parte disso nós já conversamos, mas eu acho fundamental que os jovens analistas aprendam que o que é fundamental em análise, como já ressaltamos, é a importância fundamental da verdade, dos seus desdobramentos e de reconhecer que o que nós temos de fazer na análise é perseguir o desconhecido. Temos de dar um enquadramento aos jovens analistas, e os Institutos de Psicanálise não podem prover tudo; é importante que eles se dediquem a uma formação paralela nas artes, eventualmente também na filosofia, como complemento à formação analítica.

Décima primeira questão

Martha: Bion estava na contramão da idolatria; podemos observar que a história de vida dos grandes autores costuma despertar grande interesse em seus seguidores. A relação pessoa/obra torna-se muitas vezes distante do decorrer do tempo. Bion não deixou, aparentemente, discípulos nem apóstolos; dizia que o único que poderia se intitular "bioniano" era ele mesmo, Bion. Tinha verdadeira impaciência com autoritarismo e idolatria em torno de si. Não pertenceu a grupos, preferindo sempre sua independência como pensador e clínico. Apontou os perigos da institucionalização e do envolvimento com a burocracia – que dizia ser excelente para sufocar criatividade. Em sua determinação e independência, disposto a viver sem buscar os aplausos do público, não foi uma necessidade para Bion ser, no âmbito da psicanálise, uma grande referência ao lado de Freud e Melanie Klein, ou mesmo de outros pensadores. Perguntamos: essa liberdade de ser, sem buscar a centralidade do olhar de seus contemporâneos, na verdade lhe valeu o verdadeiro reconhecimento?

Dr. Junqueira: olha, Martha, eu acho que isso é parte da história, sem dúvida alguma. Aliás, lá em Los Angeles dizia-se – não posso dizer se é verdade ou não –, mas o Dr. Gooch e o Dr. Grotstein comentavam que ele tinha vindo de Londres exatamente para evitar essa idolatria. Agora, ele tem um mérito próprio que será uma espécie de farol para as gerações futuras, para outros desdobramentos que virão em psicanálise. Eu penso que as visões dele vão valer por muitos e muitos anos!

Martha: então, o Sr. acha importante o estudo da obra de Bion para os que estão começando a psicanálise?

Dr. Junqueira: acho! Embora eu ache a obra dele difícil de ler. Aliás, um dia, eu disse para ele: "Olha, Dr. Bion, o Sr. poderia ter escrito mais fácil, é difícil entender isso aí!". Eu estava lendo *Transformações*, que é um livrinho bastante difícil. . .

Cida: Dr. Junqueira, por meio da experiência que tivemos com o Sr., fomos apresentadas a um Bion muito humano, muito próximo. O seu trabalho sobre as impressões de sua análise com ele nos deu vontade de conhecê-lo, levando-nos a entrar nessas áreas um pouco mais difíceis do pensamento dele. Mas nós fomos, aos poucos, nos aproximando do lado humano dele, o que foi muito importante!

Dr. Junqueira: uma coisa que me deixou muito à vontade com ele, por exemplo, é o seu aspecto cultural. Como ele tinha curiosidade sobre o Brasil! Por exemplo, eu sempre pesquei muito, e, antigamente, eu pescava em lugares selvagens, como na Ilha do Bananal, que tinha tribos indígenas lá. Ele se interessava, por exemplo, por como o pirarucu respirava... Lá tem um peixe que se adere ao barco de alumínio, e a gente bate no casco, e o peixe emite um som em resposta. Sabe o que o Dr. Bion disse? Que eu inventei uma linguagem para me comunicar com o peixe. Ele me deixava completamente à vontade, foi uma experiência única.

Martha: conseguimos sentir na sua volta de Los Angeles sua paixão pelo estudo da obra de Bion. O Sr. conseguiu nos passar, em uma simplicidade que é peculiar a sua pessoa, essa paixão pelo Dr. Bion e pelo estudo da sua vasta obra. É o que estamos fazendo aqui!

Dr. Junqueira: foi isso, Martha, que me moveu a buscar junto aos colegas as fitas originais das gravações de seus seminários e supervisões e transcrevê-las e traduzi-las. Porque neles aparece um Bion bem próximo da experiência da análise que eu tive com ele.

Martha: e isso frutifica em todo o Brasil, a nossa colega Gisèle, sua filha, mantém esse trabalho com as supervisões em São Paulo, com a presença de colegas do Brasil todo. Isso tudo é muito válido! Nós queremos agradecer ao Sr.

Dr. Junqueira: eu que agradeço a vocês! Foi muito bom para mim!

Cida: o Sr. nos apresentou esse Bion mais humano, mais simples, o que nos fez aproximarmo-nos dessa teoria que é mais densa, mais complexa. Obrigada!

Martha: e isso passamos para as novas gerações que estão chegando. A Sociedade está crescendo. Agradecemos!

2. Uma teoria do pensamento, fatores e funções da personalidade

Paulo de Moraes Mendonça Ribeiro

Ao longo deste Capítulo, vamos trilhar vários conceitos de Bion, mas a ênfase será nos seguintes conceitos elementares: *fatores e funções da personalidade*, *função alfa*, *elementos alfa*, *elementos beta* e um esboço da *Teoria do Pensamento de Bion*.

Bion ousou perturbar a ordem das coisas que percebemos no Universo; então, como mote inspirador para a nossa reflexão sobre a Teoria do Pensamento em Bion, vamos nos indagar: o que vem primeiro, os pensamentos ou a capacidade para pensar?

A resposta mais comum a essa formulação é a de que necessitamos da capacidade para pensar para, então, criarmos os pensamentos: a capacidade para pensar seria a "mãe" dos pensamentos. Será?

Para Bion, esse tipo de linearidade sequencial-temporal é um equívoco causado pela necessidade que nossa mente tem de estabelecer relações causais entre os fatos; nossa consciência, nossa forma de perceber os fenômenos da vida se organiza assim, sequencialmente. Isso aconteceu por causa daquilo. . . Esse veio primeiro do que aquele... Depois, virá o outro etc. (Ribeiro, 2019). Tanto Freud quanto Melanie Klein, gênios pioneiros, criaram teorias embasadas em linearidades: Freud propôs que haveria uma evolução do "princípio do prazer" para o "princípio da realidade"; Melanie Klein descreveu o desenvolvimento sequencial da "posição esquizoparanoide" para a "posição depressiva".

Figura 2.1 – O Pensador, *de Auguste Rodin (1902). Disponível em <www.wikiart.org>.*

Bion teve a originalidade de inverter essa concepção linear e sequencial sobre a origem de nossa capacidade para pensar; segundo ele, os pensamentos precedem o pensador. E mais: são os pensamentos que estimulam o nascimento de um pensador, e não o contrário. Para Bion, o pensar é um desenvolvimento imposto sobre o psiquismo pela pressão dos elementos dos pensamentos, e não o contrário.

Mas o que quer dizer isso?

Toda uma *Teoria do Pensamento* foi elaborada para fundamentar essa inversão epistemológica. Vamos nos focar nela, mas, antes, precisamos observar alguns conceitos que vão nos ajudar a compreender essa complexa questão.

Costuma-se dizer que Bion complicava as coisas, que inventou conceitos usando teorias da matemática e letras gregas, ou conceitos filosóficos, ou históricos etc., de forma a dificultar a compreensão do seu leitor. De certa maneira, essa observação não deixa de estar correta, pois a leitura de seus textos dificilmente é considerada fácil, mesmo por estudiosos experientes; porém, sua intenção nunca foi complicar nada, mas, sim, apresentar-nos uma forma de observação da complexidade dos fenômenos psíquicos. A mente humana não opera linearmente nem por relações causais – isso é um artifício, uma ilusão – e a apreensão da forma multidimensional de observarmos o psiquismo é trabalhosa. Na verdade, Bion almejou simplificar as teorias psicanalíticas, criando um corpo teórico para a compreensão dos fenômenos mentais que dispensasse o grande número de teorias existentes até então. Ele buscava concisão e precisão conceitual, e encontrou isso nas teorias matemáticas. A matemática foi por ele considerada a ciência ideal, como foi a medicina para Freud.

Nesse sentido, Bion cunhou os termos matemáticos *fatores* e *funções* para o uso na psicanálise. Propôs a utilização do conceito *função* sem, no entanto, aplicar o mesmo significado específico que tem no campo matemático. O ponto de equivalência é que, em matemática, *função* sempre alude a um elemento desconhecido (a *variável*) que satisfaça os termos da equação. *Equação*, em matemática, é uma igualdade envolvendo um ou mais valores desconhecidos, que são as *incógnitas*. Ora, a mente humana não é repleta de incógnitas, de infinitos desconhecidos? Por que, então, não usarmos esses termos como modelos para pensá-la?

O poeta Carlos Drummond de Andrade disse na epígrafe do seu livro *Corpo*:

> *O problema não é inventar.*
>
> *É ser inventado hora após hora*
>
> *E nunca ficar pronta*
>
> *Nossa edição convincente.*

A vida pode ser vista como uma grande equação em curso, "hora após hora". Isso implica a ideia de que buscamos sempre uma "realização". Implica estarmos em movimento, em uma busca constante pela devida invenção ou realização ou satisfação dos elementos de nossa mente (preconcepções). Por definição, resolver uma equação matemática implica encontrar os valores possíveis para a incógnita, de tal modo a tornar a igualdade *verdadeira*. Não é semelhante em psicanálise? Estamos sempre em busca da verdade, mesmo que dolorosa.

E estamos sempre em movimento, buscando. Isso está implícito no termo *função*. A letra alfa (α) é a primeira do alfabeto grego; por isso foi escolhida por Bion para designar a função inaugural do psiquismo humano. A *função alfa* corresponde ao movimento que nos permite utilizar psiquicamente aquilo que percebemos com nossos órgãos dos sentidos; tudo o que percebemos, seja com os olhos, ouvidos, tato etc., ou mesmo com a consciência como "órgão receptor das qualidades mentais", segundo Freud, precisa ser metabolizado pela função α para se tornar um elemento útil aos processos do pensar, um elemento α. Voltaremos a esse conceito posteriormente.

Antes, vamos um pouquinho adiante no modelo matemático: toda função é composta por fatores. Lembram-se da época do ginásio? Decorávamos as leis da matemática: a ordem dos *fatores* não altera o resultado. E *fatores* são os elementos que contribuem ou que influenciam a obtenção do resultado.

Na equação 4X + 2Y = 8, 2, 4 e 8 são os fatores da equação; X e Y são incógnitas. Sonhemos um pouco com um fragmento clínico e substituamos essas incógnitas por *emoções*. X e Y podem ser, por exemplo, "inveja" e "rivalidade". X = *inveja* e Y = *rivalidade edípica*. Imaginem só: 4 doses de *inveja* somadas a 2 doses de *rivalidade*. . . Saiam da frente, que vem ataque por aí!

Assim, em psicanálise, podemos dizer que uma personalidade dita psicótica funciona psicoticamente por ter como "fatores" preponderantes elementos como inveja, rivalidade e voracidade em sua configuração. Por exemplo: um paciente interrompe a sessão e sai batendo a porta após o analista lhe comunicar seu pedido de reajuste anual de honorários. Esbraveja que o analista era um "dinheirista chauvinista insensível", uma vez que sabia que ele tinha perdido o emprego recentemente. Entretanto, o analista também sabia que o analisando em questão nunca dependera de seu emprego (que lhe rendia um valor simbólico) e vivia dos dividendos de sua volumosa herança. O que aconteceu? Um diálogo foi interrompido. . . o analista fizera um "pedido", que fora ouvido pela "parte psicótica" do analisando como uma "exigência", sem a qual não o atenderia mais. A "função" resultante dessa "equação" foi um *acting in* (uma atuação) na forma de abandonar a sala violentamente. Era como se, caso o analisando pudesse verbalizar o que estava sentindo, ele dissesse: "Seu reajuste me faz sentir o quão pequeno e órfão eu sou (comparado com você), e isso me dói muito, e eu reajo a essa dor com violência para fazer você se sentir culpado e abandonado por mim, da mesma forma que eu me sinto agredido e abandonado por você e seu maldito dinheiro". Levará um tempo até que esse analisando consiga conceber que dinheiro e amor são "fatores" bem diferentes na "equação" da vida. . .

Bem, agora que cobrimos uma noção do que Bion quer dizer com fatores e funções da personalidade, vamos adentrar em sua *Teoria do Pensamento*. Assim como a de Freud, a Teoria do Pensamento de Bion tem como ponto de partida a dor oriunda da frustração das necessidades básicas impostas ao lactente no início de sua vida, ou, em outras palavras, depende da ausência do objeto, que é o mesmo que dizer que depende da presença do "seio mau", descrito por Klein (aquele que priva a satisfação). Pensamento, portanto, constitui-se na falta, na ausência, na dor. . .

Para Freud, a formação do pensamento é fruto do adiamento de uma evacuação de um sofrimento/uma dor. A privação do objeto desejado (o seio), seja porque a mãe se atrasou, seja porque está deprimida etc., gera uma dor que, por sua vez, pode ser evacuada por meio de uma "gratificação alucinatória do desejo"; a criança pode colocar o polegar em sua boca e acreditar que criou onipotentemente o seio que a alimenta. Isso vai durar um tempo. . . Mas, mais cedo ou mais tarde, a fome voltará.

Se essa dor/frustração puder ser temporariamente tolerada, levará à internalização da experiência emocional que está sendo vivida (no caso, a fome), por meio de representações iniciais no ego. Essas representações primitivas visam a buscar modificações no mundo real, para atenderem às necessidades do lactente; surge, então, um tipo de 'choro' que não é mera evacuação dos estímulos dolorosos excessivos, mas uma espécie de "chamado" enviado ao mundo externo em busca do objeto necessitado (seio/leite). As mães comuns geralmente reconhecem esse "chamado"; elas intuitivamente sabem discernir os diferentes tipos de choro: medo, fome, desconforto físico etc. Portanto, para Freud o pensamento é uma espécie de "ação experimental", que insere o indivíduo no princípio da realidade.

Bion está plenamente de acordo com essas formulações, porém, sua ênfase recai sobre a maior ou menor capacidade de o ego do lactente (e do analisando) poder tolerar a dor que resulta dessas frustrações. Para ele, a capacidade para tolerar frustrações tem um componente inato, e o desenvolvimento da capacidade para pensar pode tomar diferentes caminhos possíveis:

- se houver suficiente *capacidade de tolerância à frustração*, o objeto ausente (percebido como um "seio mau presente") poderá ser sentido como um elemento do pensamento (um incipiente elemento alfa), ganhando representação psíquica e inaugurando o princípio da realidade (conforme Freud);
- se a capacidade de tolerância à frustração for insuficiente, mecanismos onipotentes vão predominar, e, especialmente, a *identificação projetiva excessiva* será usada para tentar eliminar o excesso de estímulos (dor). Nesse caso, os mecanismos de defesa vão trabalhar no sentido de preservar as gratificações alucinatórias (*transformações projetivas* e *transformações em alucinose*).

Nesse ponto do desenvolvimento da capacidade para pensar, uma singular experiência emocional do início de nossas vidas fará muita diferença: a *rêverie* materna, que nada mais é que a habilidade da mãe (ou de seu substituto) de amorosamente acolher e depurar as projeções do seu bebê e devolvê-las de forma assimilável ao seu ego incipiente. Bion definiu a *rêverie* como um fator da função alfa da mãe e associou-a ao seu amor pelo pai da criança. Portanto:

- se houver *rêverie* suficiente para a mãe acolher e metabolizar os conteúdos psíquicos do bebê, a identificação projetiva do lactente será sentida como uma forma comunicação humana (*identificação projetiva realista*), levando a uma gradativa introjeção da função alfa materna e ao desenvolvimento da sua própria função α, evoluindo a capacidade para pensar;

- se a capacidade de *rêverie* materna for insuficiente, a experiência emocional resultante será de descrença na comunicação humana, reforçando os mecanismos de identificação projetiva excessiva como forma de evacuar a mente do excesso de estímulos (dor).

Mas vocês podem indagar: "É simples assim?!. . .". E quanto às letras gregas alfa e beta?

Caminhando mais um pouco, podemos colocar os fenômenos que estamos abordando na lente de um potente "microscópio". O que veremos? Resposta: as letras gregas!

Comentamos que, havendo suficiente tolerância à frustração, o objeto ausente poderá ser sentido como um "elemento do pensamento". Esse elemento é como um átomo, que é a unidade fundamental da matéria, a menor fração capaz de identificar um elemento químico. Os "elementos α" são como os átomos, elementos mentais básicos que representam (psiquicamente) nossas impressões sensoriais; quando se unem, pela ação da "função α", constituem uma "barreira de contato", uma espécie de membrana viva que delimita o contato/a separação entre consciência ↔ inconsciência, responsável pelo funcionamento do nosso universo mental, que é composto por pensamentos, simbolizações, sonhos, memorizações, esquecimentos etc.

E como surgem os elementos α*?*

No Gênesis bíblico, no princípio, era somente o caos, e Deus criou tudo a partir desse "infinito vazio e informe" (Milton, em *Paraíso perdido*). Da mesma forma, desenvolve-se (ou não) o psiquismo humano, a partir dos "elementos β", que são protopensamentos que não puderam ser pensados até um nível de simbolização, precisando ser expulsos e evacuados para fora da mente. Os elementos β correspondem ao que Kant chamou de "coisas em si", o componente concreto, sensorial, de tudo o que existe e que, até certo ponto, pode vir a ser apreendido pela nossa consciência.

Um exemplo da "coisa em si": uma cadeira simplesmente existe, podemos vê-la com nossos olhos e senti-la com nosso tato, mas como saber o que é realmente uma "cadeira"? Ou raiva? ou tesão? Se não soubermos pensar, se estivermos "meio psicóticos", teremos somente a sensação de estarmos com as nádegas encostadas em uma superfície plana, mas nada saberemos da "ideia cadeira". Entretanto, se nossa função α estiver operando bem, a cadeira será apreendida como um elemento α, e poderemos pensá-la e sonhá-la, como o fez Van Gogh quando pintou a cadeira de seu quarto. O mesmo se aplica às emoções: se não tiverem qualidade mental (elemento α), tenderemos a atuar em vez de sonhar e pensar; então: raiva → assassinato, tesão → estupro. . ., e assim por diante.

Por fim, retornamos agora à questão formulada no início deste tópico: *o que vem primeiro, os pensamentos ou a capacidade para pensar?* Podemos dizer que é a realidade das "coisas em si", os "elementos β". Essa "realidade última" é a Natureza, é o que Bion também chamou de "O", ou "divindade", ou "verdade última"; ela está aí, sempre existiu, e nós é que temos de nos virar para desenvolvermos um aparelho psíquico para pensar pensamentos, uma espécie de "software mental" para lidarmos com a pressão que a realidade exerce sobre nós.

Figura 2.2 – A cadeira de Van Gogh com cachimbo, *Van Gogh, 1888. Disponível em: <www.wikiart.org>.*

Os pensamentos precedem o pensador no sentido de que eles nos forçam a pensá-los para podermos usá-los na vida. No modelo usado há pouco, a fome do bebê eventualmente fará com que ele se dê conta da realidade de que seu polegar não é um mamilo nem produz leite. . . Então, ele terá de pensar. . . "O que fazer? Como proceder para eliminar isso que me trucida aqui dentro da minha barriga (a fome)?" A aprendizagem com a experiência, ao longo do tempo, acaba por mostrar que, em determinadas circunstâncias, aparece um objeto (a mãe) que resolve o seu problema; ele aprende, assim, que é possível chamar o seio por meio de sons que consegue emitir com o ar que expele de seus pulmões. Isso, se tudo correr bem, vai se transformar um dia em linguagem articulada: "*mamá. . .! Nenê qué mamá. . .!*".

No nosso "microscópio imaginário", esses passos correspondem à evolução de um elemento β (sensação física de fome, raiva, tesão sexual) → elemento α (choro como chamado, processo legal para lidar com a raiva, sedução para resolver o tesão). Dessa forma, gradativamente, aprendemos com a experiência e evoluímos a capacidade para pensar os pensamentos. É o mesmo que ocorre na clínica psicanalítica cotidianamente.

Referências

Bion, W. R. (1950). *Estudos psicanalíticos revisados.* Editora Imago.

Bion, W. R. (1962). *O aprender com a experiência.* Editora Imago.

Bion, W. R. (1963). *Elementos de psicanálise.* Editora Imago.

Klein, M. (1991). Notas sobre alguns mecanismos esquizoides. In *Inveja e gratidão e outros trabalhos 1946-1963*, Vol. III das Obras Completas de Melanie Klein. Editora Imago. (Trabalho original publicado em 1946).

Ribeiro, P. M. M. (2019). Arte, arte da psicanálise e a pessoa do analista: conjecturas imaginativas com multiverso, dobras espaciais e buracos negros. *Revista da SBPRP BERGGASSE 19, IX*(1).

Winnicott, D. W. (1990). *O ambiente e os processos de maturação.* Artes Médicas Sul Editora. (Trabalho original publicado em 1979).

3. A função do sonhar em Bion, *rêverie*

Fernanda Sivaldi Roberti Passalacqua

> *Quando a mãe ama o filho, que faz ela com ele? Deixando de lado os meios físicos de comunicação, minha impressão é que expressa seu amor pelo devaneio...*
>
> Bion (1962, p. 51)

Bion define como *rêverie* uma capacidade materna de sonhar a experiência emocional do bebê; em suas palavras, "o estado da mente para receber quaisquer objetos do objeto amado e é capaz, portanto, de receber as identificações projetivas da criança, quer ela as sinta boas ou más" (1962, p. 52).

O autor, por meio do modelo da relação mãe-bebê, acentuou a importância do psiquismo do objeto primário na constituição da vida psíquica do bebê. Para que o sujeito nasça psiquicamente, é necessário que ele seja sonhado pelo objeto continente materno.

Ao vivenciar experiências de angústia intolerável desde o nascimento, o bebê procura se livrar de tais sentimentos ameaçadores projetando-os na mãe. Uma mãe com capacidade de *rêverie* recebe as identificações projetivas do bebê, acolhe, metaboliza, desintoxica e devolve tais projeções transformadas em conteúdo tolerável ao bebê, agora com um sentido emocional.

Essa operação de transformação, Bion denominou como *função alfa*, uma função da mente com condições de converter, a partir da capacidade de *rêverie*, os dados sensoriais – elementos beta – que são naturalmente impensáveis e, portanto, servem apenas para serem evacuados, em elementos alfa, aqueles que fornecem à psique material para formação dos sonhos, de pensamentos oníricos, propiciando a condição de dormir, de sonhar, de armazenar na memória. Os elementos alfa, uma vez reunidos, formam a barreira de contato entre o inconsciente e o consciente.

Esses elementos alfa estão diretamente envolvidos na elaboração do sonho alfa (*dream-work alfa*), e com o auxílio deles se torna possível a aprendizagem da experiência emocional e a expansão da vida e da realidade psíquica.

As angústias, uma vez nomeadas, perdem sua intensidade e força. Diminuindo a dor mental, o bebê sente-se amado e compreendido pela mãe. Além disso, sente-se nutrido não apenas pelo conforto material (por exemplo, a fome saciada), mas também pelo conforto psíquico e emocional.

A capacidade do analista de tolerar dor mental é fundamental para que esse processo ocorra. Daí a importância da análise pessoal do analista.

O bebê, então, pode identificar-se com essa mãe continente, e, assim, abre-se um espaço interno para a estruturação de uma díade em inteira sintonia. Isso vai permitir que, diante da ausência da mãe, ela possa ser criada imaginativamente em sua mente. Aí está a matriz inicial do pensamento e os primórdios do aparelho para pensá-lo.

Exemplo: um analisando relata à analista suas férias com a família. Antes de ir, pensou que não conseguiria aproveitar as férias, sentia-se angustiado e temeroso de permanecer tanto tempo longe ("Pensei em adiar a viagem, mas resolvi arriscar."). Disse que não conseguia arrumar sua mala, colocava e tirava roupas, parecia que tudo o que colocava era demais ou desnecessário. Até que, na última hora, conseguiu fechar a mala. O desconforto que a analista sentiu durante o início do encontro cede lugar a uma lembrança de uma frase: "Não importa que viagem você faça, as melhores lembranças estarão sempre na bagagem". A partir dessa memória-sonho, a analista comentou: "Quando você consegue levar na sua 'bagagem' (mente) a sua análise, você se sente acompanhado por mim. E, onde você estiver, poderá usufruir do que conversamos aqui".

A capacidade de *rêverie* é uma condição para o desenvolvimento de uma consciência capaz de tolerar os fatos. Receber sem pânico o que o bebê transmite em uma atmosfera de urgência e catástrofe atua como modulador da dor e como condição para que essa comunicação possa ser transformada em um sonho ou pensamento onírico.

Grotstein (2007) afirma que o primeiro objeto é a placenta. O pânico encontra alívio ao deparar-se com uma inteligência externa, e assim nascem as funções mentais. A *rêverie*, como um sonho materno, é o equivalente de uma placenta, um órgão que filtra o contato com a realidade feia e assustadora, um equivalente da placenta fora do útero. Dessa forma, uma placenta *rêverie* tem de ser proporcionada pela mãe. Assim, as relações de objeto e as identificações com a função materna são simultâneas e permitem que o bebê possa aprender com a experiência compartilhada, criativamente. O bebê aprende a ter fé e confiança no juízo da mãe.

Um pré-requisito fundamental, segundo Bion (1962b), para que a *rêverie* seja utilizada pelo bebê é o "amor da mãe pelo pai", fato este que será transmitido ao bebê mesmo que ele ainda não o compreenda. Certa qualidade psíquica se propaga aos meios de comunicação, os elos com o bebê.

Na clínica, o analista com capacidade de *rêverie*, acolhendo, digerindo, transformando as projeções do analisando durante o encontro analítico, precisa também "ter amor pelo 'pai'": ter um espaço em sua realidade psíquica para o outro, o desconhecido, o novo.

A função do analista é sonhar a sessão analítica: sua capacidade de intuição será seu sustentáculo (Sapienza, 2016). O sonhar do analista, em sintonia com a função alfa, garante a atenção flutuante contra parte das associações livres do analisando.

O estado de atenção flutuante assinalado por Freud (1911) é análogo ao estado de *rêverie*. Assim, Bion recomenda ao analista que renuncie à memória e desejo de compreensão durante o encontro analítico, para que se alcance a capacidade de "sonhar" a experiência emocional sendo vivida junto ao seu analisando. Evitar memória, desejo e compreensão possibilita à analista atenção necessária para acompanhar o analisando, sua linguagem verbal e/ou não verbal, no aqui e agora da sessão.

Bion diferencia a memória, aquela para a experiência relacionada predominantemente com as impressões sensoriais, uma tentativa deliberada e consciente do analista de recordá-las, da memória-sonho. Referente a esta, Bion designa a experiência em que alguma ideia ou impressão pictórica aparece como um todo na mente, sem ser convidada, brota na mente do analista espontaneamente. Não tem nenhum fundamento sensorial, mas que se expressa em termos derivados da linguagem da experiência sensorial (Bion, 1992). Para Bion (1970), "a memória sonho é a memória da realidade psíquica e constitui o cerne da análise" (p. 80).

A capacidade de *rêverie* inspira a tolerância à frustração. A capacidade de pensamento como um meio de suavizar a frustração, quando predomina o princípio de realidade, depende da capacidade de *rêverie* materna. O amor ajuda a tolerar a frustração. A mãe, ao oferecer sua palavra compreensiva, seu rosto expressivo, seus braços, permite criar um ambiente para que a presença do objeto possa ser suportada. A mãe ajuda a construir um espaço mental e um tempo pautado pela realidade e pela esperança. Substituições podem ser encorajadas, e assim o símbolo nasce. Um bebê em condições de tolerar a frustração suporta as substituições, renunciando ao prazer imediato. Uma ilustração seria ouvir de sua mãe: "filhinho, agora não, talvez mais tarde".

No encontro analítico, o analista, em um estado de devaneio, recebe as angústias do analisando e, após elaborá-las, as devolve sob a forma de interpretações e outras intervenções, verbais ou não verbais, de modo que o analisando possa aceitar e reconhecer como seus aqueles aspectos de sua personalidade que considerava perigosos ou ameaçadores.

Os elementos alfa que se formam de modo novo na mente do analista, como resultado de seu processamento das projeções do analisando por meio de sua função alfa, agem como algo do tipo do conteúdo latente de um sonho. O analista pode, então, "ter" o sonho que o paciente não pode. Ao ter esse sonho, o analista está em posição de tornar-se consciente dos conteúdos do inconsciente do analisando, conteúdos dos quais o analisando é incapaz de ser consciente. Eles ainda estavam na forma de elementos beta, naturalmente impensáveis por não deterem qualquer significado, seja consciente ou inconsciente. Portanto, nesse sentido, o analista deriva sua interpretação de um "sonho" que ele tem sob o impacto das projeções do analisando – um sonho conjunto.

Ilustro com desenhos feitos por uma criança de aproximadamente 9 anos no encontro analítico. O primeiro segue a "ordem": os elementos beta se acumulam na mente da criança; em seguida, o encontro com um continente receptivo: transformação dos elementos beta em alfa.

Figura 3.1 – Desenhos feitos por uma criança de aproximadamente 9 anos no encontro analítico.

A função alfa da analista, conjugada com sua capacidade de *rêverie* e aliada à capacidade de tolerar frustração da criança, permitiram que os sentimentos indigestos, não alfabetizados (Ferro, 2007), pudessem ser transformados e nomeados em palavras. Bion (1962) enfatizou o desenvolvimento da capacidade de pensar e elaborar experiências emocionais como desempenhadas por uma função materna continente, inicialmente por intermédio da própria mãe no contato com o bebê. Por meio do estado de *rêverie*, uma disponibilidade emocional, atenta à exploração e à elaboração mental, a figura continente tenta entender o sentido das necessidades e ansiedades do bebê.

Enquanto a criança desenhava, a analista elaborava, em sintonia com o pequeno analisando, uma narrativa do que estava ocorrendo no campo analítico.

A capacidade de *rêverie*/de sonhar da mãe-analista:

1. receber as identificações projetivas dos sentimentos intoleráveis do bebê;
2. acolher em sua mente;
3. tolerar a dor mental;
4. metabolizá-las dando um sentido à dor;
5. devolvê-las e modulá-las de acordo com a capacidade do bebê de recebê-las.

Devido à deficiência da função alfa, os elementos beta não são transformados, com dispersão da barreira de contato e o desenvolvimento da parte da personalidade psicótica. As projeções do bebê via identificação projetiva não encontram um continente receptivo; os elementos beta predominam; e o bebê não encontra um objeto continente que possa introjetar.

As emoções extremas do bebê podem ser jogadas em um vazio, um "nada" (como nas crianças autistas), podem ser devolvidas sem modificar, devolvidas mediante uma identificação projetiva intrusiva, incrementada pelas ansiedades intoleráveis da mãe (como nos pacientes psicossomáticos).

A capacidade de *rêverie* da mãe pode falhar, não só pela presença de suas próprias angústias, de seus estados depressivos ou pelo excesso de ódio e inveja do bebê em seus estados mais iniciais, mas também pela força e pela intensidade dos estímulos lançados sobre ela pelo bebê.

Nessa configuração, o que predomina são estados de não integração ou de desintegração do bebê, levando a mãe a graus de desorganização e perturbação tais que a impedem de operar em suas funções mentais de continência e capacidade de transformação. Nesses casos, o analista pode recair em atuações e/ou interpretações saturadas, impregnadas de memória e desejo.

Consequentemente, não recebendo as projeções nomeadas, o bebê reintrojeta um pavor inominável, o que Bion denominou como um terror sem nome, correspondente à parte psicótica da personalidade. Isso incrementa seu estado de desamparo e a precariedade do equipamento para enfrentar a dor mental.

Bion (1962a) propõe o modelo do bebê sentindo medo de morrer, para o terror sem nome, e esse medo é projetado na mãe. Na vigência do vínculo K (conhecimento), a mãe com capacidade de *rêverie* transforma esse medo em algo suportável. Dessa forma, o bebê pode reintrojetar parte de sua personalidade estimulante para o seu crescimento. Mas, na vigência do vínculo -K (anticonhecimento), o bebê projeta, junto com o medo, sentimentos de ódio e de inveja pela condição que a mãe apresenta de não se perturbar. Desse modo, o bebê sente como se a mãe tivesse retirado o elemento bom e valioso contido no medo de morrer, forçando para dentro dele um resíduo sem valor, o que o leva a vivenciar um terror sem nome.

A falha de *rêverie* é vivenciada como se o canal de comunicação, em vez de dar lugar a mensagens primitivas do bebê e capacidade de devaneios da mãe), fosse revertido, deixando um aparato psíquico recarregado de um bombardeio de estímulos que transborda a precária capacidade de processá-las. As tarefas que os fracassos dos sonhos materno deixam incompletas recaem sobre a consciência rudimentária do bebê, e todas estão relacionadas com as fantasias de correlação e comunicação.

Se as projeções dos elementos beta não encontram um continente-mente materna, ocorre uma inversão da função alfa, isto é, aqueles elementos que constituem a barreira de contato se dispersam e convertem-se em elementos alfa, despojados de todas as características que o separam dos elementos beta, formando a tela beta. Formam-se, então, novos elementos beta, acrescidos de vestígios do ego e do superego, o que Bion denominou de objetos bizarros.

A identificação projetiva pode tornar-se hiperbólica ou parar, provocando também uma detenção no desenvolvimento da capacidade de registro das emoções e de seu processamento psíquico. O bebê corre o risco de sofrer um déficit grave no desenvolvimento emocional e cognitivo.

Bion afirmava que, quando a capacidade de *rêverie* falha, não permite que a mãe possa sonhar no momento que a experiência acontece e, assim, não explora, não investiga e fecha-se em certezas saturadas. Exemplo: o bebê chora; a mãe diz: "É manha, vai passar!". O bebê intensifica o choro devido ao transbordamento de angústia, e a mãe se mantém neutra psiquicamente, repetindo para si mesma: "é manha, vai passar!".

Não há a possível intuição sobre o estado emocional que precede a manifestação acessível aos sentidos; a mãe trata os acontecimentos apenas como concretos, não privilegia a vivência emocional que as acompanha. A mãe está impedida de antecipar-se mentalmente às ações do bebê, como se ela não pudesse ter noção desses seus movimentos protomentais.

Figura 3.2 – Desenho feito por uma criança de aproximadamente 9 anos no encontro analítico.

Bion (1962) diz que "o fracasso em estabelecer, entre mãe e bebê, um relacionamento no qual seja possível a identificação projetiva normal, impede o desenvolvimento de uma função alfa e, portanto, de uma diferenciação de elementos conscientes e inconscientes" (p. 133).

A falha da capacidade de *rêverie* materna obstrui o trânsito das projeções da criança em busca de um continente. Se as projeções não são aceitas pela mãe, o bebê nota que seu sentimento de estar morrendo é privado do significado que possui.

A experiência da criança é de que o significado lhe foi recusado pela mãe.

No desenho anterior, ocorreu a introjeção do objeto continente (Figura 3.2a), que foi violentamente abalado devido à intolerância à frustração da criança, somada à incapacidade da mãe em estar disponível psiquicamente para seu filho (Figura 3.2b). Neste, pela deficiência da função alfa, as projeções permanecem inomináveis, despertando na criança a angústia de aniquilamento, rodeada por animais primitivos, ferozes e vorazes. A ameaça de morte psíquica se faz presente, e, neste estado de mente, sem recursos psíquicos para lidar com tal sofrimento, a criança cai no buraco da impensabilidade.

O olhar do analista se assemelha ao olhar materno, ao olhar-sonhar para o bebê-analisando, e ilumina a possibilidade de um encontro e de uma troca de olhares. Daí surge a relação de intersubjetividade, tão essencial para a vida valer a pena de ser vivida.

Referências

Bion, W. R. (1994). Uma teoria do pensar. In *Estudos psicanalíticos revisados* (*Second Thoughts*). Editora Imago. (Trabalho original publicado em 1962a).

Bion, W. R. (1991). O aprender com a experiência. In *Elementos de psicanálise*. Zahar. (Trabalho original publicado em 1962b).

Bion, W. R. (2007). *Atenção e interpretação*. Editora Imago. (Trabalho original publicado em 1970)

Bion, W. R. (2000). *Cogitations*. Editora Imago. (Trabalho original publicado em 1992).

Ferro, A., Civiterase. G., Collovà, M., Foresti, G., Molinari, H., Mazzacane, F., et al. (2007). *Sognare l'analisi – Sviluppi clinici del pensiero di Wilfred R. Bion*. Torino: Bollati Boringhieri.

Freud. S. (1911). *Formulações sobre os dois princípios do funcionamento mental*. Editora Imago.

Grotstein, J. S. (2010). *Um facho de intensa escuridão*. Artmed. (Trabalho original publicado em 2007).

Sapienza, A. (2016). *Reflexões teórico-clínicas em psicanálise*. Blucher.

4. Parte psicótica e não psicótica da personalidade

Sandra Luiza Nunes Caseiro

No texto "Diferenciação entre a personalidade psicótica e a personalidade não psicótica" (1967/1994), Bion afirma que, em nossa personalidade, todos temos uma parte psicótica e uma parte não psicótica. Ele está dizendo que todos somos psicóticos? Por um lado, não; ele não está falando do diagnóstico psiquiátrico psicose clínica. Por outro lado, sim; convivemos com uma parte de nossa personalidade que funciona de uma forma psicótica.

Em uma personalidade coesa, para construirmos uma narrativa sobre uma experiência que vivenciamos, temos um longo processo a percorrer: desde o primeiro instante do contato, os elementos β, que, se forem transformados em elementos α pela função α, passam pelas representações em imagens (visuais, olfativas, auditivas, táteis), chegando até as representações verbais, o pensamento e a linguagem verbais que são uma síntese dos elementos da experiência. Todo esse processo é o pensar em seus vários níveis, por meio do qual apreendemos, sentimos e representamos o mundo e nossas experiências.

Nós nunca alcançamos a coisa em si mesma como ela existe na realidade. Tudo é representação.

Figura 4.1 – A Traição das Imagens ("Isto não é um cachimbo."), *de René Magritte (1929). Disponível em: <https://farm1.staticflickr.com/823/27866899688_ed85981f74.jpg>. Acesso em 20/03/2022.*

Magritte, com essa pintura de 1929, brinca com esta ideia: "Isto não é um cachimbo"!

Bion se ocupou em observar o que levava seus analisandos mais comprometidos a elaborarem uma má representação da realidade e, para isso, valeu-se da observação da linguagem verbal deles e de como a utilizavam. Essa linguagem apresentava uma lógica muito diferente do que poderíamos chamar de senso comum, uma lógica a ser intuída pelo analista. Em muitos momentos, as verbalizações do analisando tinham a função de uma ação, e não de uma comunicação de ideias.

Um exemplo clínico: há anos, recebi um homem para uma entrevista. Ao vê-lo, alguns pensamentos pularam na minha mente:

ele estava vestido como quem acabara de sair de um evento formal; ou poderia ser modelo de alguma grife; ou queria me impressionar com sua aparência. Ele entra no consultório, senta-se e diz que nunca tinha pensado em ir a um psicanalista, mas que um amigo insistiu muito para que ele tentasse. Sem grandes dificuldades, relatou vários aspectos de sua vida, de sua família, do trabalho... Ouvindo-o, eu o compreendia muito bem; sua fala era correta, mas não conseguia sentir algum afeto enquanto ele falava. Foi uma narrativa contratual. Em um certo momento, disse-lhe que ele me apresentava uma vida estável e bem-sucedida: uma vida "modelo"! Mas que, talvez, ele ficasse muito surpreso por não encontrar um sentido em tudo aquilo. Minha afirmação parece tê-lo tocado de forma significativa. Alguns instantes depois, ele comenta que sentia falta de algo e que não conseguia descobrir o que era. Consideramos que seria interessante darmos continuidade àquele encontro. Combinamos dias e horários, sem grandes entraves. Quando lhe disse o valor dos honorários, ele me perguntou com uma expressão de desconfiança: "Mas por que você cobra tudo isso?". Fiquei alguns segundos em silêncio, tentando apreender o que é que ele me perguntava. Esse tempo foi suficiente para ele se colocar em pé, empertigado, e dizer de forma irônica: "Vou pensar muito se algum dia voltarei aqui". Nunca mais o vi.

Quando falamos de um indivíduo, de sua personalidade psicótica e sua personalidade não psicótica, estamos falando de suas experiências, suas emoções, seus sentimentos e de como ele se relaciona com esses elementos e com o mundo: se ele consegue enfrentar a realidade ou se foge dela. Falamos sobre o que cabe em sua mente, o que ele pode sentir, conter, ligar e elaborar: uma função α operante. E o que não cabe, o que o frustra além de suas possibilidades; e, então, para fugir de vivenciar essa frustração, ativamente, fragmenta seus recursos, suas apreensões e as emoções provocadas por essas apreensões e livra-se de tudo para não sentir e não pensar: uma função α que funciona ao contrário, que despoja os objetos de tudo o que lhes confere um significado e não liga os elementos da experiência uns com os outros, apenas os aglomera.

Bion elenca quatro características principais da personalidade psicótica:

- predomínio de impulsos destrutivos;
- ódio à realidade;
- medo de aniquilamento iminente;
- formação precipitada e prematura de relações objetais.

No filme *2001 – Uma odisseia no espaço*, existe um trecho importante para o nosso tema que se encontra em um vídeo no YouTube, compreendido do minuto 2:18 até o minuto 3:20: <https://youtu.be/9etefsYMm5o>.

Na cena, o grupo de hominídeos que está em posse da poça de água, elemento fundamental para a vida, é atacado pelo outro grupo que quer tomá-la para si. Ao ver-se ameaçado, o primeiro grupo mata um de seus oponentes. Olhemos essa cena como um modelo da mente incipiente de um bebê. O que o bebê apreende e que lhe provoca dor ou frustração é interpretado por ele como uma ameaça à sua sobrevivência. O que não deixa de ser verdade, pois, se um recém-nascido, por exemplo, está com fome e não é alimentado, pode morrer. Essas apreensões levam o bebê a vivenciar emoções primitivas, que, por serem primitivas, são intensas e violentas, pois trata-se da urgência de sobreviver ou morrer. Como um recurso, o bebê faz identificação projetiva dessas apreensões, desses elementos β e das emoções que estes lhe provocam, para livrar sua mente de uma sobrecarga e, também, para enviá-las a uma outra mente com uma função α operante capaz de metabolizá-la.

Vejam que estamos falando de uma dupla de humanos, o bebê e a mãe. A mente materna pode ser capaz de transformar, por meio de sua capacidade para *rêverie,* muito do que o bebê projetou para dentro dela via identificação projetiva. Todavia, sempre haverá uma parte que não será acolhida e transformada pela função α da mãe. Essa parte das apreensões do bebê (esses elementos β) que não foi acolhida pela mente da mãe retorna para a mente do bebê, não no seu estado original, mas acrescida das emoções violentas do bebê que foram lançadas junto, na identificação projetiva. São, agora, a junção dos elementos β com as partes da personalidade do bebê: são, agora, o que Bion nomeou de *objetos bizarros*.

Assim vai se formando a parte da personalidade denominada parte psicótica. Essa parte surge de uma falência de continência da dupla continente/mãe – conteúdo/bebê. A capacidade de continência da dupla depende dos fatores e funções das duas personalidades: o quanto o bebê necessita da mente da mãe/continente e o quanto a mãe pode corresponder às necessidades do bebê/conteúdo.

Tanto o bebê pode utilizar-se da identificação projetiva de forma excessiva, por trazer em sua personalidade uma predominância de impulsos destrutivos e não tolerar algum grau de frustração, como a mãe pode apresentar pouca condição para *rêverie*.

Por qualquer dos caminhos, são experiências nas quais o bebê precisa lidar com a não satisfação de suas necessidades, ainda que sejam necessidades inalcançáveis na realidade. Experiências que ficam como feridas narcísicas: uma parte da mente que rejeita a realidade e rivaliza com ela.

Mesmo o bebê já crescido (ou o bebê que habita em cada um de nós), diante de uma frustração intolerável (e ele pode ter um grau muito baixo de tolerância à frustração), essa parte da mente pode dominar a personalidade e impingir a sua forma de funcionamento, que implica a reversão da função α, a falência das duplas de continente-conteúdo que vão emergindo dentro de sua mente, a baixa valência de seus objetos internos. Valência é um conceito da química, um número que indica a capacidade de um átomo de combinar-se com outros átomos e formar novos elementos químicos. É o potencial de um dado átomo para dar, receber ou compartilhar elétrons, facilitando uma nova ligação química. Esse conceito da química é uma boa metáfora para pensarmos sobre o conceito de continente ↔ conteúdo e a criação de novos significados.

Para Bion, crescimento mental implica o aumento de nossa capacidade de observar e perceber o nosso entorno, a nós mesmos e nossas emoções e sentimentos, cada vez com maior riqueza de detalhes e com maior número de conexões com outras experiências já vivenciadas ou que ainda não vivenciamos, mas que, com nossa intuição e imaginação, conseguimos conjecturar. E, para ele, crescimento mental implica o aumento da capacidade de sofrer as emoções e os sentimentos que todas essas percepções nos evocam, conduzindo-nos a vivenciarmos autoamor, auto-ódio e autoconhecimento, levando-nos ao significado da experiência emocional, à nossa verdade daquele momento.

A função α operante provê a ligação entre esses elementos e produz a barreira de contato, formada pelos elementos α, que separa o consciente do inconsciente, permitindo ao indivíduo estar acordado para o que lhe é útil em dado instante e dormindo para o que lhe atrapalharia na situação. Podemos aproximar isso da ideia de arquivos guardados na nuvem: ficam lá disponíveis e baixamos o que é necessário para o momento. A barreira de contato separa os elementos que estão em uma qualidade consciente dos que estão em uma qualidade inconsciente e facilita as conexões entre esses elementos e a transmutação de uma qualidade para outra, aquelas úteis para o momento.

A parte psicótica da personalidade não aguenta deparar-se com a verdade do indivíduo, não tolera a frustração que "essa verdade" o leva a sentir e, de forma ativa, faz a função α operar no sentido contrário, cortando os elos entre os elementos da experiência emocional.

Quando, devido a uma necessidade premente, ocorre uma tentativa de religar os elementos, utilizando uma imagem como modelo, é como se olhássemos para uma sala de estar após a passagem de um ciclone: continuam lá as partes do sofá, das poltronas, do abajur; porém, o indivíduo não pode dormir para os elementos presentes e sonhá-los, podendo usufruir do bem-estar de ficar na sala. Também não pode acordar e apreender, sentir e ligar esses elementos, alcançando a concepção de sala de estar; não consegue abstrair e simbolizar. Fica com toda a mobília quebrada empilhada em sua mente, não como esta era originalmente, mas acrescida do que buscou se livrar. Produz não uma barreira de contato, mas uma tela β formada pelos objetos bizarros. Uma tela que não separa os elementos que estão em uma qualidade consciente dos que estão em uma qualidade inconsciente, não facilita as conexões entre esses elementos e não provê a transmutação de uma qualidade para outra, resultando em uma aglomeração de elementos, em uma sobrecarga mental e emocional.

A reversão da função α suprime o significado verdadeiro das experiências emocionais, esvaziando a mente das emoções e dos sentimentos referentes a elas, e também corrompe esses significados, preenchendo-os com interpretações equivocadas ou falsas: é um vínculo de rivalidade com a realidade.

O filme *A Ilha das Rosas* (2020) aborda vários vértices para serem pensados. Focando em um deles, que é útil para nosso tema, existe um personagem no enredo que não aceita as regras, as leis, a forma de funcionamento da comunidade em que ele vivia. Ele queria tudo do jeito que achava que tinha de ser. Vai arrumando uma série de confusões prejudiciais para ele e para os outros. Termina por construir uma ilha fora do espaço marítimo do país, e, nessa ilha, tudo funcionava conforme seu desejo.

É o desejo de construir algo superior à realidade: uma má representação da realidade.

Ao conversarmos com alguém que está predominantemente em um funcionamento psicótico, a ambivalência e violência de suas emoções, que são expelidas por meio do excesso de identificação projetiva, são sentidas com maior facilidade: a identificação projetiva comunica.

Nos indivíduos em que a parte não psicótica é predominante, a parte psicótica continua ativa em sua personalidade, e nós testemunhamos "aparições" dela em alguns momentos, às vezes instantes.

Figura 4.2 – Paleta de cores do preto ao branco: espectro da parte não psicótica à parte psicótica da personalidade. Disponível em: <https://i.pinimg.com/564x/79/d8/03/79d803bbc149d0669d4f6b1b4c584df9.jpg>. Acesso em 20/03/2022.

Podemos colocar as duas partes como polos de um espectro, utilizando como modelo a paleta do branco ao preto. O branco é uma superfície que reflete todos os espectros de luz. Vamos associar isso ao conceito de identificação projetiva excessiva e parte psicótica da personalidade. O preto é uma superfície que absorve todos os espectros de luz. Vamos associar isso à capacidade de continência e parte não psicótica da personalidade.

Em nossa personalidade, existe uma gradação de um polo ao outro, um vai e vem, variável a cada momento. Podemos perceber em uma pessoa, por exemplo, que ela parece emburrecer em um dado instante; seu pensamento torna-se concreto e sincrético, não sendo possível alcançar uma metáfora ou ampliar o que se conversa, mas fala como se já soubesse tudo sobre aquilo, torna-se arrogante. Outra pessoa é capaz de brigar seriamente com alguém devido a algo que aconteceu há décadas, com uma intensidade de emoções como se o evento tivesse acontecido ontem, como se o tempo não houvesse passado. Outra, ainda, demonstra dividir o mundo entre o que é certo ou errado, superior ou inferior, e ela mesma ora sente-se superior, ora inferior em relação aos outros. Ou, ainda, uma pessoa que demonstra sentir uma equivalência entre as palavras (os símbolos) e as coisas. Por exemplo, na série *Harry Potter*, não se pode pronunciar o nome Voldemort, o personagem mórbido e sinistro da história. Dizia-se "aquele que não deve ser nomeado". A autora, J. K. Rowling, ao escrever o livro, utilizou-se de várias palavras em latim e em português. Voldemort, pronunciado em português, é "vou de morte": tenho ódio à realidade e a tudo o que é criativo.

Voltando à entrevista que relatei no início, posso conjecturar algumas ideias para o que ocorreu. São conjecturas imaginativas, e não fatos. Aquele homem vivia em um mundo dividido entre indivíduos inferiores e superiores, no qual uns desejam extorquir e sugar os outros. Acreditou estar indo conversar com alguém "superior" (uma psicanalista) e queria, com seus trajes, mostrar-me que estava "à altura". Falar sobre "vida modelo sem sentido" foi muito significativo para ele, mas sentiu-se muito assustado com a possibilidade de descobrir uma outra versão sobre ele mesmo. Para esse instante da sessão, podemos nos valer de um mito: é como se fosse Édipo no portal de Tebas. A Esfinge não propõe a Édipo um enigma sobre ela, mas propõe que este desvende quem ele é:

"Qual animal anda pela manhã sobre quatro patas, à tarde, sobre duas e, à noite, sobre três?"

Penso que esse homem, ao deixar-se infiltrar pela ideia de falta de sentido, resvalou em alguma apreensão sobre sua verdade, sua realidade psíquica. Essa apreensão o apavorou. Ele a odiou e a distorceu. Sua pergunta "Por que você cobra tudo isso?" não era uma pergunta; era uma ação, uma acusação de que eu desejava extorqui-lo: uma falsa premissa baseada na realidade criada por ele. Faltou-me agilidade de pensamento, ou a minha condição para *rêverie* foi insuficiente para a intensidade daquele instante. O "tudo isso" a que ele se referia não era o valor de cada sessão, mas o alto custo emocional do sofrimento que teria de vivenciar caso ousasse olhar para si. Mantendo a decisão de fugir dessa visão, escolhe mais uma ação: "vou pensar muito se algum dia voltarei aqui".

Referências

Bion, W. R. (1994). Diferenciação entre a personalidade psicótica e a personalidade não psicótica. *Estudos psicanalíticos revisados. Second Thoughts*. Cap. 5, pp. 55-77, 3ª ed. Editora Imago. (Trabalho original publicado em 1957).

Bion, W. R. (2004). *Transformações: do aprendizado ao crescimento*. Trad. Paulo Cesar Sandler. Editora Imago. (Trabalho original publicado em 1965).

Bion, W. R. (2021). *Aprender da experiência*. Trad. Ester Hadassa Sandler. Rev. Paulo Cesar Sandler. Blucher. (Trabalho original publicado em 1962).

5. Transformações

Rachel Barbosa Lomônaco Beltrame

A Teoria das Transformações, como Bion a elaborou, em livro publicado em 1965, alterou diversos paradigmas da psicanálise.

Para Bion, o analista não tem acesso à coisa em si, à realidade última, incognoscível, mas aos fenômenos, ou seja, suas transformações. As manifestações do paciente, assim como as apreensões do analista a respeito dos fenômenos observados, são transformações pessoais de ambos. Podemos afirmar que um mesmo fenômeno pode ser observado de diferentes pontos de vista e que os significados atribuídos a ele podem ser pertinentes, a depender do vértice adotado por cada um. Bion prioriza, no encontro em andamento, o contato entre duas personalidades, uma interação na qual ambos se movimentam em permanente modificação.

Por ser uma teoria com alto grau de abstração, Bion se utilizou, em particular, de alguns modelos estéticos e matemáticos para apresentá-la. Para tornar a apreensão mais acessível e facilitar minha exposição vou utilizar também algumas obras de arte.

Um pintor vê um campo de papoulas e resolve pintá-lo. A tela resultante não é mais o campo (dimensão viva da experiência), mas uma representação que ele faz deste. Assim, a pintura é uma transformação que o pintor faz para expressar o que viveu naquela experiência. Essa representação varia de acordo com o pintor e sua experiência emocional ao entrar em contato com o campo de papoulas, bem como com os elementos da escola de pintura com a qual ele tenha mais afinidade. No entanto, apesar das inúmeras diferenças que ocorrem, na maioria das vezes, nós conseguimos reconhecer no quadro um campo de papoulas. Algo permanece constante; alguns elementos permanecem inalterados. A esses elementos, Bion dá o nome de *invariantes*.

O conceito de transformação tem como corolário o conceito de invariância

Na Figura 5.1, apesar das diferenças, podemos reconhecer elementos em comum. Mesmo no caso de uma fotografia, em geral considerada uma representação mais próxima da realidade, ela também contém elementos arbitrários, como o ângulo, a luminosidade ou o tipo de equipamento utilizado. Então, uma representação sempre inclui aspectos da subjetividade da personalidade da pessoa; sempre existe uma transformação.

O trabalho do analista é transformar a experiência emocional do encontro em uma formulação por meio de uma série de transformações vividas por ele. Sucessivos processos ou ciclos permitem que o paciente evolua dos estágios mais embrionários da mente (concretude, predomínio dos elementos beta e linha A da grade) em direção a uma maior abstração (sonhos, pensamentos, conceitos e sistemas teóricos). Penso que a experiência emocional vivida na relação com o paciente poderá ou não ser expressa em uma interpretação e, com alguma sorte e talento, permitirá, por meio das transformações realizadas, caminharmos em direção ao conhecimento (transformações em K) e, posteriormente, em direção ao ser (transformações em O).

a) b) c)

Figura 5.1 – Representação de um campo de papoulas segundo diferentes artistas de diferentes escolas de pintura. (a) Vincent van Gogh, Poppy Field, 1890; (b) Claude Monet, Wild Poppies, 1873; (c) Gustav Klimt, Poppy Field, 1907. Disponível em: <Wikiart.org>.

O conceito de vértice é fundamental na Teoria das Transformações, pois a apreensão de um fenômeno e as transformações resultantes são feitas por meio de recortes arbitrários e subjetivos. A mente do analista, suas experiências e as teorias que utiliza adquirem significativa importância nesse referencial que privilegia como função analítica a experiência compartilhada no aqui e agora da sessão analítica para aquele par.

O painel *Guerra e paz*, de Portinari (1952-1956), oferece uma representação de momentos distintos da humanidade. Diante dele, cada um de nós poderá fixar o olhar em algum ponto da pintura. Alguns, na representação da guerra, e outros, naqueles elementos representativos da paz. A escolha é arbitrária e pessoal, um recorte subjetivo. Os elementos todos estão lá disponíveis, mas a escolha, em geral, será diferente para cada pessoa, de acordo com a sua imaginação e criatividade. Muitas vezes, podemos até pensar que estamos nos referindo a quadros diferentes, sobretudo se fixarmos o olhar em pontos específicos da pintura. O vértice de apreensão é, portanto, subjetivo e um recorte da realidade.

No caso de uma pintura, temos acesso ao todo, mas em uma sessão de análise, ao escutar a narrativa de um paciente, cada um de nós poderá priorizar um aspecto da experiência. Essa decisão levará em conta o estado de mente do analista e o sistema teórico com o qual ele tem mais afinidade, como também a relação com aquele determinado paciente, como foi dito. A Teoria das Transformações introduziu, assim, diversidade na apreensão de um material clínico, ao apresentar uma plasticidade mais ampla para o processo. Além disso, a narrativa que o paciente traz é ela própria uma transformação da experiência por ele vivida. Dessa forma, o único fato relevante em uma sessão de análise é a experiência compartilhada na sessão e da qual o analista e o paciente são testemunhas.

Bion faz uma releitura da teoria freudiana ao diferenciar e ampliar, a partir das invariantes, os distintos tipos de transformações. Nas transformações em movimento rígido, estão presentes os elementos de representação simbólica fruto da repressão. As invariantes são aquelas já descritas por Freud, quais sejam: complexo edípico, sexualidade infantil, repressão e transferência. O paciente projeta uma figura do passado, em geral a figura paterna, na figura atual do analista e, ao reviver essas experiências por meio da transferência, poderá elaborá-las. Bion a considera como característica de um nível neurótico de funcionamento mental (linha C da Grade), mas ele não se ocupa tanto delas, já que a sua maior contribuição e originalidade diz respeito a uma muito sofisticada ampliação do escopo psicanalítico, ou seja, apreensão dos fenômenos mais primitivos e primários da mente. Utiliza os conceitos kleinianos de identificação projetiva, cisões e projeções para descrever o que ele denominou como transformações projetivas. Nesse caso, o analista é utilizado como um objeto depositário, no qual a paciente projeta elementos de seu mundo interno de forma característica da posição esquizoparanoide de Melanie Klein. Conceitua também as transformações em alucinose, na qual o paciente cria um universo no qual ele habita e realimenta-se, havendo pouca possibilidade de o analista aproximar-se dos elementos que deram origem às transformações.

O documentário *O mistério de Picasso*, de 1956, é um dos poucos registros de Picasso criando uma obra do início ao fim. A tela se inicia com um esboço muito simples, que vai sofrendo sucessivas transformações: flores, um peixe, uma galinha ou um pássaro, dois olhos, um nariz, uma boca, para finalmente apresentar a obra concluída: a *Cabeça de fauno*.

O resultado final é o que Bion chamaria de Tpβ, aquilo que o paciente apresenta ao analista. No caso das transformações em alucinose, dificilmente conseguimos fazer o caminho inverso e ter acesso ao ponto de origem sobre o qual as transformações foram ocorrendo. Percebemos, no caso da pintura, que o quadro concluído guarda pouca relação com o estímulo original.

Nas transformações em alucinose, as invariantes são autossuficiência e a independência dos objetos resultado da intolerância à frustração: a ausência é preenchida com um objeto alucinado; a única relação possível existente entre as duas personalidades é de superioridade ou inferioridade; divergências entre os vértices são sentidas como divergências entre as pessoas, e não como pontos de vista diferentes. Estão presentes, assim, elementos de rivalidade, inveja e ódio.

A meu ver, essa é uma das maiores contribuições de Bion para a psicanálise. Passamos a dispor de uma teoria que possibilita o acesso e a compreensão de um funcionamento mental muito mais abrangente, sobretudo no que diz respeito aos estados primitivos de mente, de forma que o obstáculo colocado por Freud na utilização da psicanálise em pacientes muito regredidos pôde ser superado.

Uma das funções do analista seria justamente contribuir, por meio das transformações das experiências vividas com o paciente, a ajudá-lo na evolução de um funcionamento primitivo e primário de mente em direção a uma maior abstração, possibilitando transformações em conhecimento (transformações em K), e com isso desenvolver alguma capacidade para pensar, um pensar mais realístico.

Bion conceitua finalmente as transformações em O, cuja invariante principal é a intuição. Nessa situação, há um contato direto com a realidade última que pode ser encontrada nos místicos, por exemplo. Bion privilegia como função analítica as transformações na dimensão do conhecer, mas em direção ao tornar-se a realidade, criando condições que favoreçam o crescimento psíquico frequentemente inacessível ao próprio indivíduo.

Picasso, em diferentes fases da pintura, retratou com maestria figuras femininas, ficando visível a transformação. Em 1901, seus quadros são mais figurativos e organizados, mas percebemos que, à medida que o tempo passa, as figuras vão se desconstruindo, e podemos reconhecer em suas obras um aspecto mais primitivo e desorganizado, que é inconfundível e genial na sua obra.

Na clínica, ajudamos nossos pacientes a entrar em contato com aspectos seus mais primitivos, que poderão ou não ser utilizados de forma criativa.

A lógica formal utilizada por Freud na abordagem dos fenômenos, partindo dos efeitos em busca de uma causa, é substituída por Bion, que faz uma proposta original: a multicausalidade. Isso, em parte, deve-se ao caminho percorrido por ele a partir de uma abordagem mecânica newtoniana para uma abordagem fenomenológica quântica, ou seja, multicausal e multidimensional. O objeto psicanalítico adquire, assim, uma complexidade muito maior e uma possibilidade de aproximação dos aspectos mais primitivos e desorganizados da mente, gerando instabilidade produtiva e possibilidade de realizações na direção do crescimento psíquico.

Referências

Bion, W. R. (2004). *Transformações*. William Heinemann. (Trabalho original publicado em 1965).

Bion, W. R. (2011). A grade. *Revista de Psicanálise, VIII*(2) (Trabalho original publicado em 1963).

Contemporary Art Fashion Slub Pop Kitsch. (11 de agosto de 2020). *The Mystery of Pablo Picasso (1956 Documentary)* [Arquivo de vídeo]. Youtube. https://www.youtube.com/watch?v=wamQcZfslc&ab_channel=ContemporaryArtFashionSlubPopKitsch.

Klein, M. (1991). Notas sobre alguns mecanismos esquizoides. In *Inveja e gratidão e outros trabalhos*. Editora Imago. (Trabalho original publicado em 1946).

6. Sobre memória, desejo e necessidade de conhecimento

Mércia Maranhão Fagundes

Este texto de Bion, sucinto, um dos últimos, impacta-nos devido ao modo assertivo por meio do qual ele coloca em evidência seu pensamento. Em suas palavras, não seria propriamente um artigo científico, mas a proposta de uma conversa sobre um tema em que ele estaria muito interessado e que ele gostaria que também pudesse despertar interesse de outros.

Apesar de Bion ser considerado um autor de difícil leitura, sem "compaixão" por seus leitores, eu questiono se, de fato, seria assim. Acredito que ele propõe o contato amplo e profundo com o que sentimos, o que pensamos, o que somos nós. Propôs o que Freud chamou, em seus textos, de metapsicologia (além da psicologia), ou seja, de psicologia profunda. Esse campo é árduo, haja vista o sem-número de propostas de trabalhos, de correntes de pensamento, de comportamento, que prometem alívio imediato e banimento de toda a angústia existencial, própria do ser humano. Em síntese, qualquer pessoa pode escolher não ter contato e conhecimento de sua própria natureza; porém, consequentemente, viverá o vazio, a desvitalização, a desmentalização. Assim, tem-se a percepção de não se viver a própria vida e saber que ela não foi vivida. Viver por viver.

A obra *Memória e desejo* contém reflexões que transcendem recomendações, viabilizando o conhecimento da realidade psíquica. Traz uma proposta de seguir um caminho, certamente turbulento. Como se Bion mostrasse, com cuidado, ao seu leitor psicanalista qual a trilha a seguir, em um trabalho embasado nas primeiras técnicas em psicanálise, desenvolvido pelo pioneiro Sigmund Freud. É um convite formal à parceria. Um convite para a experiência emocional compartilhada.

Memória é sempre enganadora, enquanto registro de fatos; é distorcida por influência de forças inconscientes.

Desejos interferem no ato de operar o julgamento, quando a observação é essencial, por meio da supressão e seleção do material a ser julgado. Envolve ausência de mente.

Memória: em outras palavras, Bion recomenda aos analistas que cada sessão seja vivida como o primeiro dia de análise. Não lembre sessões anteriores. Não relembre encontros passados. Deixe que as ideias sejam acordadas espontaneamente. Abandone a memória. A memória lida com aquilo que se presume que tenha acontecido.

Memória: trata-se de um continente para tudo aquilo que nos desperta *desejo*. *Memória/desejo*: uma conjunção constante, ou seja, elementos são considerados conjunção quando costumam aparecer juntos, em determinadas circunstâncias.

Desejos: não priorize resultados, não queira curar o paciente. Não busque ter compreensão do que se passa na sessão. O desejo lida com o futuro, com o que ainda não aconteceu.

O pensamento psicanalítico diz respeito somente ao presente, com o que está acontecendo. E Bion afirma que o pensamento psicanalítico se preocupa ou tem a ver somente com o que está acontecendo, não com o que ocorreu, com o passado, ou com o que acontecerá, o futuro. Psicanálise é tempo presente.

A conclusão é que memória e desejo não são categorias do funcionamento mental confiáveis para serem usadas em psicanálise.

Bion ainda recomenda: em cada sessão o psicanalista deveria conseguir receber um novo analisando, nunca visto. Se o analista sente que já conhece seu analisando, ele não está conseguindo ser "uno" com a realidade psíquica, a verdade, daquela sessão.

A memória e o desejo lidam com impressões sensoriais, buscando o prazer que cada um poderia sentir se fosse capaz de atualizar, recordar os fatos de sua vida, o passado, como gostaria que tivessem acontecido. E, assim, o desejo pode cuidar para que o futuro possa ser previsto e controlado. Por essas razões, memória e desejo vão em direção contrária, no sentido oposto do objetivo do trabalho analítico. Em outras palavras, experiências sensoriais mudam o foco e minam o pensamento genuíno.

E, assim, é colocada a ênfase na necessidade da ausência de memória e desejo, para que se instale a capacidade de observação psicanalítica, uma observação científica. A observação analítica não se preocupa com impressões sensoriais ou objetos sensoriais. O campo de trabalho do psicanalista é o inconsciente e o analista deve cuidar para que não se confunda com o consciente. O inconsciente é o reino do pensar e sentir, que, juntos, formam a realidade psíquica de cada indivíduo, em dado momento. O inconsciente não cuida das sensações físicas que são do domínio consciente.

Bion foi um dos poucos autores que se aventuraram a continuar a abertura na compreensão do funcionamento mental, a partir do grandioso legado de Freud:

- sonhos;

- dois princípios do funcionamento mental;
- a natureza das associações livres;
- mito de Édipo correspondendo a um mito privado.

O trabalho de Bion distingue o sistema de teorias psicanalíticas do sistema de Teoria da Observação. Seu objetivo, segundo alguns autores, é reafirmar o status científico da psicanálise. Desenvolveu métodos de observação, na busca, na perseguição à verdade do encontro analítico, à realidade psíquica da sessão. Segundo ele, interpretações devem ocorrer sem o menor distúrbio da observação. Sem memória, sem desejo, sem necessidade de compreensão.

Em seus escritos, busca precisão de linguagem para que possa desenvolver uma comunicação científica com seus pares.

Textos como "A Grade" e "Teoria das Transformações" são instrumentos para se expandir a capacidade de observação e acesso ao que ocorre em uma situação analítica e comunicações verbais.

Trabalhou sempre com a hipótese de "emoções violentas". A partir daí, conclui-se que estamos diante de um texto de técnica psicanalítica. Uma técnica inovadora e que precisa ser estudada profundamente.

Em cada importante texto, Bion reafirma o alicerce de seu pensamento na teoria freudiana. Poder-se-ia dizer que seria uma expansão da técnica da atenção flutuante, preconizada por Freud em suas recomendações aos médicos que exercem a psicanálise. Convida cada leitor à elaboração posterior.

Quando fala de cesura, remete a um espaço entre duas mentes, entre dois estados de mente; Bion nos guia a como atravessá-la, abandonando memória e desejo e necessidade de compreensão. . .

Embasado no conceito de atenção flutuante, um conceito de técnica psicanalítica, Freud antecipa a recomendação proposta por

Bion. Este último desloca o foco da comunicação de inconsciente para inconsciente para o estar em uníssono, *at one*, com a realidade psíquica do encontro analítico. O que seria estar *at one*, em uníssono com o analisando?

Bion propõe, então, não o conhecimento da realidade do analisando como ponto central do trabalho analítico, mas a intuição que o analista tem da realidade psíquica da sessão, tornando-se unido a ela, com um único, como um *at one*.

Como poderíamos entender a recomendação de estar em uníssono, *at one* com o analisando? Quando sonhamos, acordados ou durante nosso sono, vivemos experiências emocionais muito intensas, vívidas. Nós não vivemos nossos sonhos. Somos os nossos sonhos. Quando analista e analisando são o sonho da sessão, do encontro, o trabalho já está "pronto", mesmo que não se faça algum tipo de interpretação.

Bion enfatiza que o analisando só aceita uma interpretação do analista se ele sente que este sofreu a experiência emocional ou a crise emocional em curso, como parte do ato de fazer tal interpretação.

Surge, nesse momento, uma questão fundamental para o nascimento da mente de um ser humano. Ele precisa ser sonhado e transforma-se, à medida que é fecundado, no sonho concreto dos pais. Contudo, depois que ele nasce, urge que ele comece a pensar e ir em busca de seus próprios sonhos, mesmo que, muitas vezes, frustre seus pais, quando estes percebem que era só um sonho. Cada um é a expressão de seus sonhos e, se não sonhamos, vivemos a desmentalização, o vazio.

O texto *Memória e desejo* é sobre intuição e sobre os caminhos com que a intuição trabalha na situação analítica, já que não podemos ser ensinados como interpretar o que sentimos em relação às verdades inconscientes do analisando. No entanto, podemos intuir a verdade do que está ocorrendo.

Intuição, ou conhecimento não sensorial, é algo que usamos quando precisamos fazer explorações do desconhecido; em outras palavras, quando exploramos o inconsciente. Intuição treinada depende da análise pessoal do analista e da sua capacidade de apreender o imaterial, a realidade psíquica não sensorial, o inconsciente.

Questões em psicanálise demandam intuição e apreensão, mais do que entendimento. Assim como a realidade sensorial é percebida por meio dos cinco sentidos básicos, a realidade psíquica é intuída. Como não se consegue comunicá-la, muitas vezes é vista como muito próxima da revelação mística.

E a implicação clínica dessa realidade seria a necessidade de ouvirmos não só as palavras, ou seu valor semântico, mas também a atmosfera do presente encontro e seu efeito sobre nós, na experiência emocional gerada.

Esse texto me trouxe à memória a fábula de *João e Maria*. Transmitida por meio da oralidade, foi coletada pelos Irmãos Grimm, no século XIX. Conta a história de dois irmãos, João e Maria, vivendo com seus pais próximo à floresta, em tempos de escassez e fome. João, ao ouvir uma conversa de seus pais, de que não seria possível, para eles, continuarem seus cuidados com os filhos e que estes seriam deixados sozinhos na floresta durante a caminhada do próximo dia, apesar do pavor de sentir-se só para cuidar de si e da irmã, conseguiu ser criativo para uma estratégia de retorno a casa, sem seus pais. Talvez se sentisse muito frágil, muito inexperiente para cuidar de si, mas, em vez de tomar-se de pânico, a situação lhe ofereceu a oportunidade de conviver com a necessidade de encontrar uma forma de sobreviver. Segundo Parthenope Tálamo:

> *Bion nunca se esqueceu do que quer dizer ser criança, como é possível se sentir esquecido e perdido, desesperado e pressionado, mas também que é possível ser enormemente feliz, simplesmente aconchegado nos braços e escutando uma história, ou ainda encantar-se pela destreza com a qual a mãe ou o pai sabem desenhar um trem, fazer biscoitos, jogar bola. . . (Parthenope, 1998, p. 53)*

João, então, encheu seus bolsos com pedrinhas e, quando ele e Maria se viram a sós para enfrentar todo os perigos na floresta, foram capazes de seguir as pedrinhas por ele deixadas, que os conduziram de volta ao abrigo do lar.

Ao chegarem à casa, são recebidos com afeto e alegria; porém, pouco tempo depois, já parecia ser inviável para os pais mantê-los, e, então, estes decidiram levá-los para mais longe. Nesse ínterim, os dois irmãos, ao sobrepujarem as dificuldades do abandono e viverem a experiência de lutar pela sobrevivência, adquiriram maior robustez mental e puderam contar com a parceria que um oferecia ao outro. Como João não conseguiu coletar pedrinhas e as migalhas de pão que jogou no chão para marcar o caminho foram comidas pelos passarinhos, os dois irmãos, dessa feita, viram-se, de fato, perdidos e desamparados na escuridão da floresta.

Decidiram perambular em busca de ajuda e encontraram uma casinha feita de doces e chocolates, que encantou e matou a fome.

A dona da casa, uma bruxa má, prende João e faz de Maria sua escrava. Mas Maria consegue enganar a bruxa e soltar João. Juntos, dão cabo da vida da malvada e, com os tesouros que encontram naquela casa, espólio da bruxa, retornam à casa dos pais e, cheios de recursos, auxiliam-nos para todos viverem juntos.

Os irmãos conseguem acessar sua força interior, sua coragem, seu espírito de parceria e criatividade.

Como toda boa história, essa nos apresenta vários vértices de percepção. No momento, para os propósitos de reflexão sobre o texto de Bion, *Memória e desejo*, ela se apresenta como uma analogia. Assim como João, temendo ficar perdido na floresta sem os pais, cada um de nós se sente frágil, inexperiente e só, para viver as turbulências da experiência emocional compartilhada na sala de análise. Bion nos lega as recomendações, para que, ancorados pela observação científica na sala de análise, possamos intuir a realidade psíquica da sessão. Assim como João, que, ao viver essa experiência de luta para sobreviver, conta com as pedrinhas a indicar um caminho com direção. Nossas pedrinhas seriam as recomendações: sem memória, sem desejo e sem necessidade de compreensão, que a astúcia e a perspicácia de Bion nos legaram.

A experiência primeira de João e o aprendizado com a parceira Maria parecem tê-los tornado mais audaciosos para novas tentativas na luta pela vida. E ainda mais humanos, capazes de perceber a realidade dos pais, seres humanos que, como todos, vivem suas fragilidades e temores.

Definitivamente, estamos diante de um texto que, passo a passo, detalha-nos os caminhos para que, por meio da observação científica sustentada, possa-se chegar à intuição da realidade psíquica, o foco do trabalho analítico.

Referências

Bion, W. R. (1963). *Os elementos de psicanálise*. Zahar.

Bion, W. R. (1981). Cesura. *Revista Brasileira de Psicanálise*, 15(2), 123-136.

Bion, W. (1991). *A atenção e interpretação*. Editora Imago. (Trabalho original publicado em 1970).

Bion, W. R. (2001). A Grade. *Revista de Psicanálise da SPPA*, *8*(2), 285-299. (Trabalho original publicado em 1963).

Bion, W. R. (2004). *Transformações*. Editora Imago. (Trabalho original publicado em 1965).

Freud, S. (1996). Dois princípios do funcionamento mental. In Freud, S. *Obras Psicológicas Completas de Sigmund Freud*. O caso Schreber, artigos sobre técnica e outros trabalhos. Vol. XII. Editora Imago. (Trabalho original publicado em 1911).

Freud, S. (1996). Recomendações aos médicos que exercem a psicanálise. In Freud, S. *Obras psicológicas completas de Sigmund Freud*. Vol. XII. Imago. (Trabalho original publicado em 1912).

Freud, S. (1996). *Obras psicológicas completas de Sigmund Freud*. A História do movimento psicanalítico, artigos sobre metapsicologia e outros trabalhos (1914-1916). Volume XIV. Editora Imago.

Grimm, J., & Grimm, W. (2004). João e Maria. In *Contos de fadas*: edição comentada e ilustrada. Jorge Zahar Editora.

7. Realidade sensorial e realidade psíquica, intuição

José Cesário Francisco Jr.

AQUI E AGORA

O melhor lugar do mundo é aqui
E agora
O melhor lugar do mundo é aqui
E agora

Aqui onde indefinido
Agora que é quase quando
Quando ser leve ou pesado
Deixa de fazer sentido

Aqui de onde o olho mira
Agora que o ouvido escuta
O tempo que a voz não fala
Mas que o coração tributa

O melhor lugar do mundo é aqui
E agora
O melhor lugar do mundo é aqui
E agora

Aqui onde a cor é clara
Agora que é tudo escuro
Viver em Guadalajara
Dentro de um figo maduro

Aqui longe em Nova Deli
Agora sete, oito ou nove,
Sentir é questão de pele
Amor é tudo que move

O melhor lugar do mundo é aqui
E agora
O melhor lugar do mundo é aqui
E agora

Aqui perto passa um rio
Agora eu vi um lagarto
Morrer deve ser tão frio
Quanto na hora do parto

Aqui fora de perigo
Agora dentro de instantes
Depois de tudo que eu digo
Muito embora muito antes

O melhor lugar do mundo é aqui
E agora
O melhor lugar do mundo é aqui
E agora

Gilberto Gil

O que escrevo aqui tem como pano de fundo leituras pessoais de várias ordens e vivências clínicas com os pacientes que se arriscam a estar em análise comigo no dia a dia.

A cada vez que me disponho a conversar, escrever, e o assunto é psicanálise, deixo claro, tomando meu início de profissão, que o relatório de uma visita médica é diferente do que vivi com o paciente em seu leito. Fritar um ovo é diferente de dizer como se frita um ovo. Fazer um café, também. Ler é diferente de comentar o que li. Da mesma maneira, percebo que o que pensei em dizer nesta reunião é diferente do que estou a escrever e de como estou falando.

O médico pode ver, tocar e cheirar, e essas qualidades chamamos de *realidade sensorial*. Enquanto psicanalistas, vamos buscar o que não vemos, não tocamos nem cheiramos.

Bion propõe que nós usemos a nossa Intuição para vivenciarmos e aproximarmo-nos com empatia daquilo de que os analisandos nos convidam para participar.

Recepcioná-los em seus dores, terrores e amores, sem condená-los, tampouco aprová-los. Acolhê-los como eles são.

Essa é a nossa arte e ciência.

Assim, vou escrever sobre o que não se vê, não se toca e não se cheira: a nossa *realidade psíquica*.

Felizmente, encontramos algumas pontes, presentes tanto na realidade sensorial quanto na realidade psíquica, quando buscamos transcender a experiência, utilizando do ato de fé e da intuição, para a possibilidade de enunciá-la e torná-la audível: primeiro, para nós mesmos; depois, para os outros.

"No princípio era o Verbo"

A jornada inicial se dá no nosso interior, desde os primórdios de nossa vida, e é realizada com a colaboração das nossas queridas mães, ou com quem as substitua na sua função materna.

É assim que Bion concebe a gênese do pensar: se o transcorrer for relativamente favorável, o verbo chega até nós, encarna-se.

Chico Buarque (1990), em seus versos, exclama o paradoxo:

Palavra prima
Uma palavra só, a crua palavra
Que quer dizer
Tudo
Anterior ao entendimento, palavra.

Palavra viva
Palavra com temperatura, palavra
Que se produz
Muda
Feita de luz mais que de vento, palavra.

Palavra dócil
Palavra d'água pra qualquer moldura
Que se acomoda em balde, em verso, em mágoa
Qualquer feição de se manter palavra.
[. . .]

Bion propõe que os gênios e os místicos têm um acesso direto ao desconhecido. Seriam esses versos um exemplo configurado da palavra antecedendo a experiência?

Kenneth Clark, no livro *Civilização*, traz como ilustração, em "A luz da experiência", um quadro de Berckheyde (1638-1698) – *A praça do mercado e da câmara municipal, Haarlem* (1691).

Neste, o pintor nos oferece sua visão, semelhante ao que veríamos se lá estivéssemos às 3 da tarde: dia de sol, claro, vento soprando de leve, a arquitetura um pouco diferente, o sentido de espaço, a luz observada com precisão. Como se pudéssemos entrar no quadro.

Sinaliza uma nova revolução do pensamento humano, com a substituição da autoridade divina pela experiência humana: o experimento e a sua observação.

Diante da subversão da ordem estabelecida e diante do desconhecido, surgem as perguntas: funciona? Vale a pena?

Respostas habituais, como "é a vontade de Deus!", dão lugar a novas perguntas.

As pontes, como a palavra e a pintura, podem conter a emoção ou funcionar como suas margens: se a emoção transborda, as margens se perdem, permanecendo desoladas enquanto a emoção se esvai.

Uma sessão, ou fragmentos de sessões, pode ser ponte.

Paciente robusto, musculoso, com a tez tendendo a negra, meia-idade.

De uma longa fala, capto uma ideia principal do paciente: a chegada do Natal vem acompanhada de questões que não dão certo na sua vida.

Digo-lhe:

– Natal e nascimento. Ideias novas que não evoluem.

Surpreso, diz de um sonho e de uma conversa que teve enquanto coordenava um grupo, e do encaminhamento dos problemas que fluíam naturalmente, livremente. A sensação interior dele não acompanhava o que se passava exteriormente. A sensação era de um peso, alguma coisa arrastada, de algo que não dava certo.

Depois de algum tempo de silêncio, de outras falas, traz uma situação similar ao dito no início, isto é, o paradoxo de uma situação interna arrastada, pesada, desvitalizada, enquanto o problema tratado se desenvolvia.

Após algum tempo, diz:

– Eu queria que todos compartilhassem da mesma ideia.

Digo a ele que "sofria da doença das almas nobres", em que ele fica "à mercê do mercado externo. Se a bolsa está em alta, ele fica bem, se em baixa, desvitaliza-se".

Quase que me interrompendo, diz então da monarquia: "Queria ser o rei" e "Espera aí!!!. . . Estou fazendo isso agora! Novamente!".

– O quê? – pergunto eu.

Ele me diz que a ideia era dele, e na realidade tinha sido eu. Digo-lhe:

– A nossa reunião é de nós dois, minha e sua.

Creio que, nesse fragmento de sessão, estejam contidos elementos de realidade sensorial, realidade psíquica e intuição.

Até aqui, também levei em conta o trabalho de Antonio Sapienza, "Psicanálise: realidade interna e realidade externa", no qual o autor sinaliza quatro fatores de personalidade do analista que darão sustentação à nossa experiência com nossos analisandos e tornarão viáveis a discriminação, a interação e a correlação entre a realidade interna e a externa.

Experimentar dor mental e manter o pensamento inconsciente de vigília é um deles.

Preservar, cultivar e desenvolver pensamentos-sonhos, tanto quanto elaborá-los para efetivar mudanças psíquicas na interação bipessoal e gozar aprendizado emocional.

Sonhar a sessão analítica: sua capacidade de intuição será seu sustentáculo.

Assim, espera-se que a análise do analista tenha contribuído para a desobstrução de seus pensamentos-sonhos tanto quanto exercícios de releituras de vivências analíticas servem de restauração e revigoramento da sua intuição.

Referências

Bion, W. R. (1981). *A Key to a Memoir of the Future*. Compiled by W. R. Bion and F. Bion. The Clunie Press Perthshire/The Roland Harris Trust.

Bion, W. R. (1989). *Uma memória do futuro*. Vol. 1: O sonho. Trad. Paulo Sandler. 1ª ed. Martins Fontes. (Trabalho original publicado em 1975).

Bion, W. R. (2006). *Atenção e interpretação*. Trad. Paulo Cesar Sandler. 2ª ed. Editora Imago. (Trabalho original publicado em 1970).

Clark, K. (1995). *Civilização*. São Paulo: Martins Fontes.

Sandler, P. C. (2010). Bion e poesia. *J. Psicanal.*, São Paulo, 43(78), 151-172. Disponível em <http://pepsic.bvsalud.org/scielo.php?script=sci_arttext&pid=S0103-58352010000100011&lng=pt&nrm=iso>.

Sapienza, A. (2016). Psicanálise: realidade interna e realidade externa. In *Reflexões teórico-clínicas em psicanálise*. Organizadores: Miriam Moreira Brambilla Altimari et al. Blucher.

8. Édipo: a tragédia do conhecimento

Miguel Marques

Como apresentar as ideias e o pensamento de Bion se as minhas próprias apreensões sobre os conceitos, formulações, modelos e conjecturas, com os quais me defrontei em sua obra, são extremamente instáveis e estão em constante transformação? Ater-me a uma formulação que alcançou o status de conceito, como a teoria do pensamento, entre outras, dá a mim a impressão de uma restrição indevida, apesar de assentada o suficiente para ser formulada em palavras articuladas e transmitidas de formas compreensíveis.

Imagino que, pela impossibilidade de apreender e comunicar o dinamismo, a fluidez e a transiência das formulações contidas no pensamento de Bion, com muita frequência uma determinada conceituação de uma determinada parte de sua obra ganha proeminência sobre todas as demais, estabelecendo um tipo de apreensão calcificada, suprimindo e distorcendo sobremaneira suas propostas com relação à teoria e técnica psicanalítica. Muitas das considerações mais contemporâneas de sua obra podem ser utilizadas estritamente dentro dos referenciais kleinianos, quando, ao meu modo de ver, são desdobramentos provindos de um profundo questionamento a respeito do sistema kleiniano tradicional.

Figura 8.1 – [Foto], por Fares Hamouch (unplash.com).

Bion foi um pensador da psicanálise. A leitura de sua obra não nos remete a nenhum dogma, não sugere uma verdade pronta, mas, de maneira crítica e refletida, permite que percebamos o processo do pensar e a descoberta de maneiras de pensar o pensamento, e isso inclui poder criticá-lo.

Acredito que tenha mostrado uma faceta da psicanálise que a maioria dos psicanalistas não esteja disposta a ver. Ele tornou a prática da psicanálise mais difícil, enfatizando que os psicanalistas não se dão conta do pouco que sabem sobre a mente e valorizam demais o que já conhecem. Segundo um modelo proposto por ele em *Uma memória do futuro*, nossas teorias sobre a mente são análogas às teorias de Demócrito de Abdera, que estabeleceu o sistema heliocêntrico. Ainda não temos instrumentos conceituais para ampliarmos em direção às observações das galáxias. Orbitamos em volta do seio materno e seus desdobramentos, e não alcançamos a amplitude de relações que compõem a experiência emocional de um instante.

Por meio de suas formulações, Bion nos aponta um aspecto que caracterizou a psicanálise inicialmente, que é a pretensão de conter em seus próprios construtos teóricos o objeto de sua investigação. Ele nos diz: "Quem poderá. . . Libertar da desajeitada infância da psicanálise, o domínio da mente baseada na sensualidade?" (Bion, 1989, p. 141).

Podemos reconhecer em cada artigo escrito por Bion as raízes de acréscimos e elaborações posteriores, o que nos dá uma impressão de estarmos "pisando" em uma base que se movimenta continuamente. Mesmo quando utiliza conceitos kleinianos bastante definidos e precisos, como em seus trabalhos clínico-teóricos iniciais, por exemplo, em "Notas sobre a teoria da esquizofrenia", já ficam bem delineadas as dificuldades e imprecisões quando suas observações vão muito além das teorias utilizadas.

A meu modo de ver, Bion, ancorado nas ideias de Klein e de Freud e munido de uma criatividade genial, apresenta-nos, a partir do tradicional e organizado, o desconhecido, o primordial e caótico, e provê-nos de instrumentos que possam sustentar observações nessas condições.

As teorias psicanalíticas são descrições de interações e vivências emocionais compartilhadas junto com as interpretações que determinado psicanalista tenha alcançado naquele momento e que alcançaram o status de conceitos teóricos. O uso de tal organização como um conceito teórico impõe uma série de restrições, pois elas são muito mais uma teoria sobre o que aconteceu do que um relato fatual do que ocorreu. Por outro lado, a teoria a respeito do que aconteceu não satisfaz os critérios aplicados a uma teoria na acepção com que esse termo é empregado para descrever os sistemas usados na investigação científica rigorosa, além de que a observação a partir de um conceito teórico definido torna-se fixa, e muitas vezes uma mesma descrição de um evento clínico serve também para outra entidade clínica.

A partir de observações dessa ordem, Bion conclui que as teorias analíticas existentes padecem de inúmeros defeitos que estão mais a serviço de moralidades, dogmatismos e doutrinações do que de possibilitarem a investigação de algo novo. Pode-se pensar também que teorias estão a serviço de acalmar o terapeuta sobre as comunicações incompreensíveis que transitam na dupla.

Um analista que acumule uma série de conceitos teóricos para instrumentalizar o seu trabalho também está se prevenindo por meio de elementos conhecidos contra o desconhecido. Bion nos alerta que o importante em uma análise é justamente o desconhecido.

O tipo de abordagem clínica estabelecida por Bion é mais inseguro e menos tranquilizante para o ofício do analista, pois o coloca em condições de precariedade emocional, uma vez que sabemos ser ainda mais arriscado sustentar a experiência analítica simplesmente por meio de pensamento causal.

A questão fundamental no trabalho analítico é o que observar; e como observar os elementos presentes e que se constituem no objeto de uma análise.

O que observar?

Para fins de uma exposição, farei um recorte de algumas ideias de Bion, tomando como base suas propostas sobre os elementos que podem ser considerados em um trabalho psicanalítico. Enfocarei algumas das ideias contidas em seu livro *Elementos de psicanálise*, texto no qual questiona se a psicanálise possui um campo próprio de pesquisa e reflexão e se existem elementos que permitem reconhecer a especificidade desse campo. Nesse texto, Bion amplia seus questionamentos sobre o sistema kleiniano tradicional e a psicanálise clássica, utilizando os conceitos consagrados de uma forma original e profundamente criativa. Aponto algumas ideias, focalizando a condição de movimentação criativa, desconstrução e recontextualização das teorias existentes.

Os questionamentos de algumas bases teóricas consagradas nos deslocam progressivamente de um campo conhecido e de enquadres definidos e direcionam-nos para o novo e obscuro. Na medida em que questionamos o estabelecido, como nos provermos de referenciais razoavelmente estáveis e, ao mesmo tempo, sutis que sustentem nossas observações em meio a um caos de estímulos?

Nesse sentido, a situação edípica, fulcro essencial da teoria psicanalítica, na concepção bioniana não se atém aos elementos de uma tragédia sexual representada pelo conflito onipresente expressado na triangularidade pai, mãe e filho, como a formulação original de Freud, ou mesmo pelo ataque ao casal criativo proposto pelos pós-kleinianos. Édipo é, antes de tudo, uma tragédia do conhecimento.

O que é sinalizado pela proposta de Bion é a arrogância de Édipo em ansiar pela verdade e não se satisfazer com falsas teorias a respeito do crime. A arrogância em pauta é o próprio processo analítico que fatalmente nos leva ao exílio da singularidade.

A tragédia edípica é descontextualizada, e a narrativa mítica é decomposta em elementos que integram uma investigação sobre a verdade. O conflito entre Édipo e Laio que envolvem as lutas entre pais e filhos constitui o trânsito entre emoções, como amor e ódio, e definem uma dimensão abarcada pelas teorias da psicanálise clássica. Outra dimensão é o conflito entre Édipo e Tirésias, o adivinho, que tentou apresentar falsas teorias sobre o assassinato do Rei com o intuito de impedir uma investigação sobre a verdade, que envolve outro nível de observação.

A partir dessa visão, existem dois níveis de conflito: o conflito entre Édipo e Laio; e o conflito entre um conjunto de ideias e outro, ou entre um conjunto de impulsos e outro, que são apreciados pela teoria analítica clássica, isto é, os conflitos sustentados por um eixo simbólico que constituem o conflito edípico.

Outro nível de conflito é o alimentado por Tirésias e Édipo: o conflito entre o conhecimento e o que se opõe ao conhecimento, ou entre uma emoção e a oposição a essa emoção. Nesse caso, a situação edípica não é alcançada, e os problemas advindos do conflito edípico não chegam nem a ser formulados. Os ataques ao "bom objeto" são enfocados sobre outra base, uma vez que o ataque é sobre o mito edípico como preconcepção; o "objeto" não é alcançado ou sequer formulado.

Toda sessão de análise inicia-se por um pronunciamento oracular, o tema de uma história que se desdobra ao longo da sessão e que contém a descrição do criminoso procurado, a verdade. O analista e o analisando podem se envolver com falsas teorias que impeçam o alcance de uma verdade subjacente, deslocando as observações para o conflito entre Édipo e Tirésias. Nesse sentido, a dupla se vê às voltas com teorias que proveem a ambos uma barreira defensiva contra sentimentos e ideias que poderiam levá-los a ampliar suas observações e a aproximarem-se de fatos da vida real.

Dessa forma, todos os instrumentos e teorias de que dispomos na teoria clássica e que são provenientes da observação dos conflitos edípicos e das relações entre objetos não são válidos ou úteis para a observação da experiência emocional e da construção/desconstrução do pensamento, propondo conluios e equívocos, e mesmo estagnações, quando usados nesse contexto. Nesses casos, o analista que observa a partir desse nível de conflito, por exemplo, entre Édipo e Laio, não alcança o paciente que transita em outra dimensão mental às voltas com teorias e vivências advindas de um conflito entre Édipo e Tirésias, uma condição pré-edípica.

Nessa situação, o paciente aprende sobre as teorias do analista, torna-se "especialista" em corresponder às expectativas captadas no analista com relação ao seu comportamento e oferece um rico material que corresponde ao arsenal teórico que intui que o analista tenha, mas permanece intocável no que diz respeito a uma experiência analítica viva.

Outra proposta derivada dessas formulações é a de que Bion não concebe a situação edípica como uma fantasia primordial presente no psiquismo da forma, como Klein e Susan Isaacs conceberam. As fantasias primordiais são substituídas por preconcepções; a própria situação edípica só existe como uma preconcepção inata que necessita de experiências e vivências afetivas que realizem aquilo que é apenas uma expectativa vazia e sem sentido que adquire um sentido e alcança significações a partir de experiências reais (realização de uma expectativa).

A ideia da preconcepção é como um germe que se desdobra e evolve por diferentes níveis de amadurecimento do pensamento. Há uma matriz primordial indiferenciada corpo-mente de onde os pensamentos brotam e podem evoluir aos níveis mais desenvolvidos, o que, para Bion, significa a sofisticada resolução de problemas com objetos na ausência deles. Um exemplo de sofisticação seriam o sistema dedutivo científico ou mesmo os cálculos algébricos. Nesse sentido, a constante possibilidade de uma preconcepção realizar-se gerando novas concepções e, por sua vez, gerando novas formas de pensar significa criar possibilidades de ser e existir.

Bion, levando em conta essas ideias sobre preconcepções, considera alguns conceitos vazios que esperam por realizações singulares para explicar os fatos observados. Esses conceitos vazios foram nomeados como elementos β, função α e elementos α, por exemplo, e somente ganham significados pela experiência clínica de cada um de nós, ao mesmo tempo que permanecem como incógnitas que não precisam ser elucidadas nem alcançar algum tipo de realização que as sature de significações. Essa pretensão de que usar nomeações hipotéticas e que não evocassem uma penumbra de associações permitiria manter conceitos vazios que cada um realizaria a partir de sua particular experiência é difícil de ser sustentada, pois rapidamente esses conceitos se saturaram de significados e explicações que os tornam muito pesados para auxiliarem a manutenção de investigações do desconhecido.

Ampliando as condições para observação do trabalho com pacientes que não alcançaram as realizações da situação edípica, Bion propõe que a preconcepção edípica é estilhaçada e que esses pacientes permanecem aprisionados nesses fragmentos, buscando continuamente realizações equivocadas que não possibilitam qualquer ampliação de sua capacidade de pensar.

A preconcepção edípica constitui-se como uma trilha inserida no psiquismo que pode ou não vir a ser realizada por cada um de nós, orientando-nos no alcance de relacionamentos adultos e propiciando o conhecimento e a experiência de vir a ser uma mente separada e alcançar a singularidade de ser um indivíduo único. As realizações da preconcepção edípica podem nos apresentar para uma mente separada, uma condição nova para nós, animais gregários, que equivaleria ao exílio no mito edípico. O desenvolvimento de uma capacidade de observação é alcançado em concomitância com a dor por afastar-nos da matriz gregária da qual fazemos parte, e isso implica suportar solidão e sentimentos de profunda insegurança.

Encontramos com muita frequência pessoas orbitando em volta de conjunturas concretas e degradadas, como o acúmulo de bens, poder ou dinheiro, que são tomadas como finalidades últimas de seus "esforços" e investimentos afetivos, ou mesmo aprisionadas em situações extremamente excitantes como única forma de sustentação e insuflação de vida. Nesses casos, podemos supor que a trilha edípica foi rompida, e a condição de humanização, amputada. Essa desintegração é característica do paciente quando não consegue tolerar a realidade e, portanto, destruiu o aparato que o capacita a percebê-la.

A Teoria da Preconcepção de Bion estabelece que o mito é um sistema de comunicação, um modo de significação que nos oferece um espectro de possibilidades significativas, e não um simples conceito.

Bion propõe como alternativa para a observação dessas situações psíquicas o uso dos mitos, em vez das teorias organizadas da psicanálise clássica, que incluem pensamentos muito sofisticados, alcançando o nível de sistemas dedutivos científicos, como o complexo de Édipo, formulado por Freud. Aponta mitos universais, como o mito do Éden, o mito da Torre de Babel, o mito da cidade de Ur, além do mito edípico.

As narrativas pessoais podem ser reconhecidas como desdobramentos de todos esses mitos, e Bion propõe que sejam levadas em conta nas observações psicanalíticas. As narrativas do cotidiano contêm em sua organização os elementos básicos dos mitos universais.

Nos mitos universais, o anseio pelo conhecimento é tomado por uma arrogância de alcançar realizações mentais proibidas, como as propostas pelo próprio processo analítico, e, assim, pode ser impedido ou retaliado por um Deus onipotente, que restringe qualquer movimento em direção a novos conhecimentos, ou que pune com a expulsão e a confusão. Tais condições se expressam na clínica por elementos que Bion propõe, como sexo e violência – cada nova aquisição de conhecimentos que implica nos movimentos mentais de ingestão, retenção, digestão ou expulsão é atrelada a um sistema moral de retaliação que impõe culpa e ameaças à incorporação do novo e do desconhecido.

Nesse enfoque, os mitos são valorizados como ferramentas para se encontrarem fatos, como Freud o fez com o mito edípico, descobrindo a psicanálise. O mito, nesse contexto, é reconhecido como uma parte essencial do aparelho de aprendizado em estágios primitivos do desenvolvimento. Os vários elementos discerníveis nos fragmentos de um ego desintegrado assumem uma nova importância à luz desses mitos. O uso dos mitos seria um tipo de "rebaixamento" das teorias mais sofisticadas e elaboradas para aproximar-se de pensamentos oníricos mais adequados à investigação em psicanálise do que as teorias clássicas.

Bion se dispôs, ao longo de seus trabalhos, a desenvolver meios de oferecer ao analista um método crítico de avaliação de suas próprias observações. Acredito que buscava vértices de observações que não implicassem teorizações vãs e superelaboradas que substituíssem o próprio campo observado.

Estudando seus trabalhos, encontro um investigador rigoroso com um discurso cientificamente impecável quanto aos princípios fundamentais da psicanálise e que nos confronta com um paradoxo: quanto mais o analista amplia seus conhecimentos e identifica-se como analista, maior a chance de obstruir e distorcer o caminho de suas percepções.

O uso de conceitos e teorias organizadas nos impõe uma aberração, pois, ao usarmos um pensamento organizado e estável para nos comunicarmos ou mesmo para nos localizarmos na sessão analítica, estamos nos opondo frontalmente à função de um pensamento, que é a de sustentar-se temporariamente em direção a uma realidade subjacente incognoscível. Um pensamento organizado em uma forma estável é como uma calcificação que se torna impermeável e distorce os planos dos quais faz parte.

A psicanálise que conhecemos, com seus desdobramentos e diferentes vértices, é apenas um fenômeno de uma realidade desconhecida. Cada analista captará as emanações dessa realidade inacessível e desconhecida, que nomeamos a partir do termo psicanálise, de uma forma pessoal e com diferentes níveis de apreensões.

O estudo das ideias de Bion nos despe paulatinamente das teorias causais e mesmo de uma psicanálise que se utilize de diagnósticos e quadros psicopatológicos. Esse é um aspecto importante em nosso desenvolvimento como analista, pois, ao desnudar-nos de nossos instrumentais mais caros por um lado, por outro impulsiona-nos a desenvolver uma disciplina rigorosa para nos mantermos vivos e presentes na sessão.

Segundo Bion, o mistério é a vida real, e o que importa em uma análise real é a vida real. O que pode advir de um processo de análise é o surgimento de um ser humano que, de fato, pudesse viver sua própria vida.

Referências

Bion, W. R. (1989). *Uma memória do futuro* – I – O Sonho: tradução Paulo Sandler. Ed. Martins Fontes.

Bion, W. R. (2004). *Elementos de psicanálise*. Tradução original: Jayme Salomão; revista por Ester Hadassa Sandler e Paulo Cesar Sandler. Editora Imago.

9. Teoria da Complexidade e a multidimensionalidade da mente

Thaís Helena Thomé Marques

Vou começar assinalando duas ideias de Bion que, para mim, são básicas e relevantes. A primeira: a mente é um universo em expansão; a segunda: se a psicanálise não servir para a vida, não serve para nada.

Ao longo da sua obra, Bion se refere a esses temas poucas vezes diretamente e outras tantas de modo sutil. Vou falar para vocês sobre eles da maneira como particularmente eu os apreendi da obra de Bion.

A noção que temos de complexidade nos remete a tudo aquilo que é tecido em conjunto e que se expande a cada nova experiência. Uma vez que, na complexidade, tudo está ligado, ordem e desordem emocional, por exemplo, assim como amor e ódio, não são contrárias, mas simultâneas e complementares. Sempre em trânsito, elas convivem e completam-se de modo a organizarem um determinado universo mental de acordo com tal disposição.

Na experiência analítica, essa condição pode ser bastante perturbadora e pode levar analisando e analista a tentarem simplificar a complexidade das percepções que eles têm, para que em suas mentes tudo não aconteça ao mesmo tempo.

De qualquer modo, cada um deles tem uma determinada organização do seu universo mental que sofre transformações e que está intimamente relacionada à própria vida e às experiências emocionais consigo e com o seu entorno.

Vão construindo tessituras emocionais, redes de emoções para que, juntos, possam alcançar singularidade e inventividade durante a experiência em curso. Isso, por si só, já demonstra complexidade: juntos e singulares. Imagino que Bion considerou a psicanálise como um processo de acolhimento mútuo, e não um vínculo de correção moral. Isso implica que o analista necessita tolerar suas próprias precariedades para que sua vitalidade e seu frescor emocional permaneçam ativos por mais tempo, e, assim, ele possa reavivar uma chama de vida no analisando.

A partir dessa ideia, a situação vai se tornando ainda mais complexa, porque, além do fato inegável de que cada universo mental é singular, podemos imaginar dois universos mentais, cada qual único, encontrando-se e compartilhando entre si uma experiência em um determinado momento.

Não mais importa a singularidade de cada mente, e sim o que vai se passando entre elas. Em psicanálise, importa a observação da relação entre as pessoas envolvidas, e não de cada uma delas em separado.

Podemos imaginar o caos, a desordem e as contradições instaladas na experiência analítica, e mesmo na vida, quando estamos lidando com o compartilhamento das percepções de nossas precariedade, incerteza, incompletude, finitude, enfim, a experiência com as profundas sensações e emoções dolorosas.

Muitas vezes, elas se encontram indistinguíveis umas das outras e necessitam de algum grau de organização para adquirirem significados quando partilhadas. A experiência de compartilhar é o modelo para que qualquer coisa soe verdadeira e para que a espontaneidade aconteça.

Por outro lado, a simplificação, ao contrário da complexidade, está a serviço de um tipo de pensamento antinatural, não espontâneo, porque desconsidera a desordem inerente ao universo mental e desconsidera as contradições que existem em todos os fenômenos mentais e nas relações entre eles; desconsidera que o universo mental tem muitas e diversas dimensões.

Em uma certa ocasião, uma analisanda de 50 e poucos anos me disse: "Como eu posso ficar emocionada e chorando como uma criança mimada quando não posso ter nossas sessões? É horrível me sentir tão dependente de você, me sinto uma pessoa doente mental. Isto não pode continuar assim!".

Comumente, a tendência à simplificação é constante. A necessidade que temos de não conhecer nada novo, de confirmarmos a ideia que temos de nós mesmos como pessoas, como terapeutas, analistas, tem uma força surpreendente. Sentimo-nos tão precários que estamos sempre prontos a revestirmo-nos de qualquer teoria ou de moralidade se isso puder nos proteger daquilo que nos assusta e causa dor.

Da mesma forma que, durante a observação analítica, há a busca de abertura e continuidade que expõe toda a nossa precariedade, também existe a ânsia pela segurança da simplificação. Ela sempre traz em seu bojo um aspecto moral, que eu considero uma das faces da certeza, contrária à complexidade.

Para sustentarmos nossa existência como psicanalistas e, portanto, percebermos nossas precariedades e vulnerabilidades, temos de tolerar observar as várias faces de nossas próprias emoções como idiomas, linguagens que compõem um discurso altamente complexo sobre a verdade dos momentos em que estamos vivendo.

Muitas vezes, sucumbimos às emoções, e há momentos em que experimentá-las se torna não só perturbador, mas insuportável. Então, agarramo-nos a teorias, crenças, dogmas, ao fanatismo e à moralidade, tentando nos afastar da complexidade que, entre tantas coisas, mostra-nos que o que aprendemos sobre cura e salvação é apenas mais um dogma e que nos tornarmos quem somos a cada momento é um risco para a nossa falsa sensação de segurança.

Não somos salvadores de alguém ou de nós mesmos, e não estamos seguros de nada; sabemos muito pouco sobre o universo mental do analisando. É possível que, no processo de análise, ele tenha de estar mais forte e disciplinado para o que der e vier, para suas emoções, dores mentais, e não apenas preparado para a cura, para o paraíso, uma cura que seja sua salvação.

De modo oposto ao da simplificação para lidar com questões que aparecem no trabalho analítico, a observação do universo mental a partir do pensamento complexo nos leva a experimentar incerteza, contradição e insegurança, assim como é vivenciada a experiência emocional com a própria vida.

Voltando ao exemplo da analisanda, na tentativa de desdobrar a experiência de forma que ela tivesse acesso às suas várias vozes ou a personagens internos, vou observando o desdobramento das minhas sensações e emoções.

Para recuperarmos a noção de complexidade do universo mental na psicanálise, quando, por alguma razão, nós a perdemos, é importante que tenhamos um pensamento reflexivo sobre os modos de observar (sistemas, vértices) que criamos particularmente e sobre seus processos, o que implica sempre uma volta ao começo.

Não se trata de um círculo vicioso, mas de um processo de observação em espiral, que nos auxilia a ampliarmos o entendimento a cada retorno, coadunando-se isso à percepção de que somos seres precários e passamos toda a vida aprendendo e transformando-nos. Assim, na melhor das hipóteses, vamos ampliando nosso universo mental, e, claro, ele vai adquirindo cada vez mais complexidade.

Desse modo, sempre que for necessário, podemos nos arriscar a criar outro vértice de observação para observar aquele que para nós se encontra saturado e não está podendo mais acompanhar nossas investigações sobre a experiência em curso. Na experiência com a analisanda que estou considerando, a primeira ideia que me visitou foi: "Ai, meu Deus, que difícil! O que fazer com o narcisismo de morte dela?".

Depois, vieram-me algumas sensações, emoções e alguns pensamentos dispersos que, organizando agora para dizer a vocês, ficam mais ou menos assim: entre o sentir-se só e o sentir-se dependente, duas dimensões da mente que acontecem ao mesmo tempo, abre-se um espectro de possibilidades que pode ficar encarcerado em dimensões teóricas já conhecidas e mapeadas.

Dentre as várias perspectivas, decido por uma formulação que acolha o confronto de pelo menos duas dimensões: a mulher em interface com a menina abandonada e a indignação como um sentimento comum tanto à criança diante do abandono quanto à mulher adulta indignada com a sua vulnerabilidade e precariedade. Da maneira mais eficaz que pude, tento apontar a ela essa interface de dimensões complementares em trânsito: o choro da criança clamando pelo acolhimento e a indignação da mulher adulta diante de tamanha precariedade: "Você não gosta de se encontrar com sua menina que sofre quando se sente sozinha?".

Se eu me contentasse apenas com o primeiro vértice de observação, a investigação teria se interrompido, e eu poderia me sentir falsamente segura. A necessidade de continuidade se impôs, acessei a capacidade de estar em contato com minha própria precariedade e ignorância, uma dimensão da minha mente. Abrindo mão da segurança das teorias, tomei minha auto-observação como referência e imaginei a indignação e a dor da criança órfã que me habitou algumas vezes. Foi daí que retirei a formulação que fiz para a analisanda.

Se nós imaginarmos que as teorias psicanalíticas podem ser submetidas por nós a um processo reducionista que acredita que um analisando cabe exatamente em uma determinada teoria, ou a teoria cabe exatamente para um determinado paciente, isso acarreta a perda das noções de complexidade, multidimensionalidade e diversidade da mente, tão importantes para a expansão do universo psíquico.

Não sugiro que as teorias devam ser suprimidas, mas que podemos ficar atentos ao fato inegável de que elas apenas descrevem a experiência emocional e sensorial em termos organizados e apontam para o entendimento a respeito delas. A teoria sobre o narcisismo, mais sofisticadamente sobre o narcisismo de morte, por exemplo, pode se tornar um diagnóstico e, então, transformar-se em refúgios psíquicos ou claustros. Outras "teorias sobre teorias" que não auxiliam a conversar com os analisandos.

Caso isso acontecesse na situação que relatei, já não saberia mais se eu estaria observando a experiência emocional em trânsito ou minhas teorias sobre ela. Poderia caminhar de teoria em teoria e não ser capaz de observar a enorme desconexão emocional que a analisanda estava experimentando entre a magnitude da sua angústia e a dor por sua inabilidade para pensá-la, e entre ela mesma e eu. Por teoria, eu também considero tudo aquilo que conhecemos e que pode impedir-nos de encontrar uma novidade. No clima emocional que estava se desdobrando na sessão em que essa situação se deu, cheguei a dizer a ela que a menina saiu do espaço onde ela estava se sentindo segura e veio à tona. Ela chorou emocionada.

Estou apontando isso para destacar como somos capazes de construir fortalezas teóricas que se transformam em fatos e podem substituir a observação da mente multidimensional. Complexa que é, implica trabalhar com sistemas que mudam o tempo todo, adentrando o campo da imprevisibilidade e da incerteza.

Como o uso da intuição e da fé no desdobramento de tudo aquilo que nos aguça a curiosidade faz parte dos nossos sistemas de observação, porque elas são instrumentos poderosos para isso, a primeiríssima observação que fazemos é apenas o broto de um pensamento que poderá se estender; não devemos nos ater por muito tempo a ela.

Podemos fazer perguntas, eventualmente responder a algumas para que a cadeia de emoções possa se abrir em climas mentais, e o pensamento, expandir-se. Assim, podemos nos dar a liberdade de chegarmos a ser os analistas que somos e tornarmo-nos os analistas que ainda não conhecemos. E, não menos importante, podemos experimentar como é sermos os analisandos dos analistas que nós somos.

Em razão de não termos conceitos e teorias que amparem observações dessa ordem, lançamos mão de conjecturas imaginativas ficcionais ou o que podemos formular como alucinações instrumentalizadas (intuições, vozes internas) que, em vários momentos, são meios para dar forma ao que nos parece informe em meio à efemeridade. A menina órfã em confronto com a mulher adulta e o espectro de dimensões que se apresentam foi um modelo que, por ser flexível, serviu para aquele momento particular da experiência.

A observação complexa nos ajuda a sustentar o rigor do método e da técnica psicanalítica aplicada na clínica. Ambos (método e a técnica) não podem ser contidos pelas teorias. Mas, sim, o método instrumentaliza a técnica, e a técnica preserva o método.

As teorias ligam o método e a técnica psicanalítica, mas não podem ser fixas, cristalizadas; elas têm de servir para cada momento. Por isso, precisamos de novas palavras que podemos inventar e de modelos flexíveis, como o que usei. Um modelo para isso é uma árvore que lança suas sementes vertiginosamente sem um foco específico, mas com fé de que algo poderá nascer ou semear de alguma daquelas sementes.

Para que o método psicanalítico não só sobreviva, mas também suporte expansões, é indispensável, durante o trabalho clínico, adotar a ideia de complexidade, de incerteza e a ideia do engano na rigidez das teorias. Essa formulação que acabei de fazer se refere ao fato de que é muito importante levarmos em conta as observações que podemos fazer de dentro/na psicanálise.

Na medida do possível, durante o trabalho, podemos procurar nos esquecer da psicanálise e da psiquiatria, de diagnosticar o analisando e deixar a mente o mais aberta possível às sensações, à imaginação e às emoções que se despertam no encontro.

Quando fazemos observações sobre psicanálise, podemos aprender, conhecer, pensar e comunicar essas observações aos nossos colegas e promover uma discussão por diferentes referenciais psicanalíticos teóricos em diferentes linguagens, embora o fenômeno sobre o qual discutimos possa ser o mesmo. Isso é bastante enriquecedor.

Todavia, as teorias psicanalíticas não contêm a psicanálise, porque ela própria pode ser considerada como uma observação em trânsito, funcionando tal qual uma sonda-instrumento. Essa ideia não prescinde das teorias, tão valiosas para nossa formação como psicanalistas; certamente elas vão adquirindo corpo em nossa função. Queremos saber o caminho? Caminhemos!

Entretanto, considerar que o uso das teorias durante o trabalho analítico dificultará a investigação amplia o campo de observação do universo mental justamente porque sabemos que ele é complexo por ter dimensões infinitas e encontrar-se em constante expansão.

As observações de dentro/na psicanálise nos colocam como parte do campo de observação; tornamo-nos participantes ativos da interação entre nós mesmos e aquilo que observamos, e já não podemos enfrentar o que investigamos como simples observadores objetivos. Tornamo-nos auto-observadores para nos sintonizarmos ao campo de observação que está se desdobrando, e isso é bastante complexo.

Antes de Bion, não tínhamos ideia do quanto uma intervenção, uma interpretação ou uma formulação podem alterar e remodelar o objeto da investigação. Essa visão complexa nos cobra um preço alto; não é nada fácil trabalhar considerando essas ideias. Termino como uma ideia de Bion que nos apresenta a complexidade de forma viva e acessível: "Se não aguenta o calor, não fique na cozinha".

10. Reflexões clínicas: como Bion trabalhava?

Beatriz Troncon Busatto

Creio ser instigante pensar em como esse analista – que criou um corpo teórico próprio e desenvolveu tantas ideias a partir de Freud e Klein – trabalhava em seu consultório com seus analisandos.

Bion, durante décadas, escreveu muitos livros, coordenou seminários clínicos em alguns países, supervisionou diversos analistas em lugares variados, também no Brasil. As gravações, transcrições e anotações dessas atividades em nosso país foram reunidas, organizadas e publicadas. Analisandos de Bion, como o Dr. Junqueira de Mattos e o Dr. James Grotstein, escreveram sobre suas experiências em capítulos de livros, de forma que existe um amplo material de seu pensamento clínico, que transmite algumas de suas qualidades: agudíssima e sagaz observação, intuição extraordinária e capacidade de tolerar o desconhecimento, a ignorância e a espera. Dispomos de registros com evidências suficientes para afirmar que tais características estavam presentes em sua forma de trabalhar.

Há incontáveis descrições de casos e situações clínicas em toda a obra de Bion e há seus próprios desenvolvimentos teóricos que expressam suas inclinações na maneira de trabalhar; mas, para este encontro, escolhi enfocar o olhar de dois de seus analisandos. Considerei que, partindo desse ângulo, teríamos algo vivo com o qual nos identificaríamos com relativa facilidade.

Bion teve muitas influências e estudou áreas variadas, como história, filosofia, medicina, geometria, poesia e literatura, religião e astronomia. Desenvolveu aplicações desses conhecimentos em sua técnica analítica. Podemos afirmar que ele tinha um olhar histórico para o ser humano, arqueológico, transcendente, poético, que poderia estar contido em uma única interpretação.

Grotstein faz a seguinte conjectura:

> *Após posterior reflexão, muito depois de a análise ter terminado, eu comecei a me perguntar se Bion era apenas um analista, ou se também era um mestre Zen. Frequentemente quando ele falava, eu não entendia muito do que ele estava dizendo – e ele dizia muito – mas parecia haver em mim uma ressonância pré-consciente com o que ele dizia. Sempre tinha um efeito. (Grotstein, 2010, pp. 45-46)*

O pensamento teórico-clínico de Bion, bem como sua postura diante da vida, favorece que nos posicionemos em uma espécie de "trânsito complexo": há um campo infinito formado entre o conhecido e o desconhecido de nossas mentes. Diz Junqueira de Mattos:

> *Suas observações eram vazadas sempre de uma profunda compreensão do ser humano, quer de suas grandezas, quer de suas vilanias. . . Um dia, falei-lhe a respeito de alguém a quem fui relacionado e que, talvez por ignorância, indiretamente quase me prejudicou. Dr. Bion, parafraseando Shakespeare, disse: "Se*

se fizer justiça, quem não merece ser enforcado?' Nestes momentos era perceptível nele uma profunda bondade, plasmada, quiçá, por uma sabedoria que emanava de sua mente privilegiada. . .

E mais adiante: Suas interpretações nunca tiveram um sentido de crítica nem possuíram um caráter moralista. Ou seja, não eram produtos do desejo. . . Embora eu não saiba explicar, porque objetivamente ele não fazia nada para me agradar, só (?) interpretava, eu sentia nele um continente amorável, sábio e generoso. . . (Junqueira de Mattos, 2018, p. 45)

Essas são algumas impressões de dois analistas que conheço, que admiro e com quem aprendo continuamente. Ambos registraram, em seus trabalhos, relatos generosos de seu convívio analítico com Dr. Bion. Selecionei alguns deles e vou apresentá-los.

Os trechos clínicos que encontramos ao longo da obra de nosso autor, ou mesmo suas colocações nas supervisões e seminários, sempre despertam minha atenção, pela constatação de sua capacidade extraordinária para a observação, que julgo ser a base de seu pensamento analítico e de sua postura clínica. Há um processo mental complexo compreendido entre o ato de observar, a formação de uma ideia sobre aquilo que foi observado e a comunicação desta ao paciente. Além disso, essa interpretação deve se basear em uma linguagem apropriada e eficiente para a sua comunicação. São atividades com elevado grau de sofisticação que podem ser postas em movimento em cada encontro analítico. Para lidar com esse universo complexo do encontro de duas mentes, Bion criou uma espécie de disciplina de trabalho analítico, em que recomenda a opacificação de memória e desejo (entre os desejos, o de compreensão). Essa atitude favorece que apreensões de aspectos novos e desconhecidos emerjam, podendo isso ser bastante perturbador para quem se dispõe a experimentá-la. Trata-se de um tipo especial de observação, que funciona como um "radar", neutro, mas que carrega o potencial de captar expressões psíquicas e suas "verdades", em uma relação analítica. Podem ser elementos sensoriais, experiências emocionais ou algo primevo e enraizado na mente humana, tanto do paciente como do próprio analista. Esse radar é guiado pela intuição psicanaliticamente treinada do analista. Vejam esta observação do Dr. Junqueira:

> *Algo que notei desde o início de minha análise foi a atenção e importância que Dr. Bion dava, levando a sério, a tudo o que eu dizia. (Isto pode parecer o óbvio ululante, no entanto, aprendi com ele, que o óbvio não é assim tão fácil de ser visto. Aliás, penso até que é muito difícil. Sem exagero, diria que a minha análise com ele foi, em grande parte, a conscientização do óbvio) (Junqueira de Mattos, 2018, p. 26)*

Retomando: penso que observar o óbvio pode ser algo bem difícil. Freud, assim como os filósofos, alertava-nos para a interferência do observador na situação observada. Em uma análise, a observação ocorre no contexto de uma relação dual. Essa seria a unidade para Bion, analista-e-paciente.

Palavras de James Grotstein:

> *[. . .] como ele me sugeriu em inúmeras ocasiões na análise, ele estava mais interessado em minha resposta ao que ele dizia do que em meu entendimento de suas interpretações, ou seja, de suas ideias. Igualmente, ele estava mais interessado em suas respostas internas às minhas associações. (Grotstein, 2010, p. 21)*

E de Dr. Junqueira: "Mais de uma vez, observou que, durante a análise, seria possível dizer que havia ali três pessoas: o senhor que fala, eu que o ouço e o senhor que ouve o que o senhor fala e ouve o que eu digo" (Junqueira de Mattos, 2018, p. 40).

A análise do analista, quando favorável e fértil, capacita-o a vivenciar com seu analisando algumas condições mentais específicas, que estão muito bem desenvolvidas e descritas em toda a obra de Bion. Vou citar algumas:

- sonho (ou *rêverie*);
- continência;
- condição de aguardar que algo emerja de um estado de observação em que nada se sabe, ou em que se vive um caos, para a possibilidade de ordenação daqueles elementos inicialmente dispersos;
- reconhecimento da experiência emocional em curso;
- reconhecimento da complexidade implicada nos processos mentais e a impossibilidade de capturá-los;
- potencial de pensar os pensamentos;
- amor pela verdade.

Em algum ponto das ocorrências apresentadas, em uma sessão de análise, pode-se formular uma interpretação. O que move o analista nesse percurso é um amor à verdade.

E o que o analista tenta observar e interpretar? As infinitas possibilidades de transformações da *realidade última*, ou da *verdade*, que se apresentam no encontro. Estas poderão (ou não) emanar da experiência emocional da dupla analista/analisando, pelas associações livres de ambos. Em algum momento inesperado, pode configurar-se uma sintonia entre as mentes, que se tornam aquilo que antes estava sendo pensado ou sentido. São situações em que ocorre alguma evolução na essência do ser (ou dos seres envolvidos).

Continuarei aqui a dar voz às características clínicas do Dr. Bion, com mais alguns relatos selecionados de Junqueira de Mattos e Grotstein, nos trabalhos em que apresentam lembranças de suas análises com ele.

Dr. Junqueira:

> *Sentia nele integridade, retidão e honestidade a toda prova. Ele não tinha nenhum escrúpulo em interpretar o que sentia, sem medo de errar. Logo aprendi – outra vez o óbvio – que ele queria dizer exatamente o que dizia. "I mean what I say and I say what I mean", disse-me ele um dia, penso, parafraseando Shakespeare. (Junqueira de Mattos, 2018, p. 27)*

James Grotstein relata sua primeira sessão com Bion:

> *Ao entrar em sua sala de espera, sentei-me e peguei uma revista semanal de Londres que estava na mesinha ao lado da cadeira. Enquanto dava uma olhada nela, deparei-me com uma propaganda de "White House Hotel". Bion então abriu a porta de seu consultório e me convidou a entrar. Quando me levantei para entrar no consultório, chamei a atenção do Dr. Bion para a propaganda e mencionei o maravilhoso jantar que minha esposa e eu tivéramos no restaurante do White House Hotel em nossa primeira visita a Londres. Bion não disse nada naquele momento. Eu então me recostei em seu sofá, proferi duas ou três associações que há*

muito esqueci, e então ele interpretou o seguinte (pelo que posso me lembrar depois de tantos anos):

"É esperado que ao entrar em análise aqui comigo você pudesse antecipar ter uma boa refeição neste White House Restaurant. 'White House' sendo uma forma de nos unificar, o 'White House' de meu país natal e o 'White House' do seu, que você agora está unindo".

Bion disse muito mais coisas naquela primeira intervenção, mas eu não consigo mais me lembrar. Lembro, entretanto, o quanto fiquei impressionado de que praticamente cada uma das palavras em minhas associações foi apreendida, usada e reformulada de modo que eu estava recebendo dele uma versão um pouco alterada e aprofundada do que eu havia exprimido. Era como se eu ouvisse a mim mesmo em uma câmara de eco ou espelho de som no qual eu estava sendo amplificado enquanto era editado. Era fascinante! Então eu revelei alguns detalhes sobre minha depressão. Mencionei que eu sentia que ela estava "além das palavras". Ele logo me refletiu de volta que acreditava não estar apenas "além das palavras", mas estar "antes das palavras". Eu apresentei duas fantasias visuais persistentes a ele, uma das quais remontava com toda a probabilidade a meu nascimento prematuro devido à placenta abrupta de minha mãe. A análise descobriu "uma mina" na primeira sessão. Conforme mencionei anteriormente, Bion nunca repetia uma interpretação, mesmo se eu não o tivesse escutado claramente. Ele declarava: "Eu não posso repeti-la. O tempo passou. Temos que pegá-la mais tarde – no curso da corrente – em sua transformação." (Grotstein, 2010, pp. 41-42)

Agora, nova descrição do Dr. Junqueira:

> *Embora suas interpretações fossem, quase sempre, dirigidas para o aqui e agora da relação transferencial, eram, outras vezes, um prelúdio para "construções" de uma abrangência até cosmológica. É assim que elas, iluminando o assunto tratado, situavam-me no tempo, no universo, na história da raça, sentindo as relações existentes entre as incontáveis gerações e culturas que nos antecederam e aquelas que nos seguirão. . . (Junqueira de Mattos, 2018, p. 45)*

E Grotstein:

> *Fala de Bion: "Sim, uma bela interpretação, você diz. O problema é que minha 'bela interpretação' só foi possível graças às suas 'belas associações'. Você estava tão ocupado em me ouvir que negligenciou escutar você mesmo falando comigo. Eu concluí daquela troca, primeiro, que foi sua forma singular de lidar com a idealização; e segundo, que foi sua forma de me ajudar, como paciente, a me refocalizar em como eu experimento minhas interações com ele." (Grotstein, 2010, p. 42)*

Dr. Junqueira:

> *Após relatar na sessão, um episódio no banco em que houve uma discrepância entre o dinheiro que Dr. Junqueira tinha a receber e aquilo que a caixa efetivamente pagou, ninguém soube dizer onde tinha ido parar um valor faltante. Bion assim interpreta: "Veja, num*

> *simples fato como este, o senhor pode observar como é difícil descobrir a verdade. Mesmo aqui, o senhor pode estar sendo sincero, eu posso estar sendo sincero e a verdade última não aparecer. . .". (Junqueira de Mattos, 2018, p. 51)*

Grotstein:

> *Bion tinha um senso de humor seco. Eu também lembro que, em uma palestra, referiu-se a "um paciente que era mudo em três línguas." (Grotstein, 2010, p. 45)*
>
> *Lembro, por exemplo, de uma sessão na qual, em seu início, exclamei o quanto eu estava feliz. Sua intepretação foi: "Bem, parece que você encontrou a cura. O que está faltando é a doença." (Grotstein, 2010, p. 43)*

* * *

Acho muito difícil descrever como Bion trabalhava, talvez uma tarefa impossível. Ele foi mudando ao longo dos anos, conforme se desenvolveu como clínico, em decorrência da formulação constante de novas ideias, sempre abordando novos e surpreendentes vértices de pensamento. Constato que deixou um legado muito importante, que sinto em minha própria experiência. Cada analista vai precisar desenvolver sua maneira única de trabalhar, baseando-se em suas próprias vivências e condições mentais, com cada analisando. Para tal, será necessário um íntimo contato consigo. Na abertura do artigo "Uma teoria sobre o pensar" (1962), Bion descreve a psicanálise como uma resposta prática a questões filosóficas. Essa resposta prática, cada um poderá desenvolver, correspondendo às suas questões humanas específicas.

Termino deixando um lembrete: Bion, sabidamente, era avesso a idealizações e rótulos, e dificilmente poderia ser encaixado – ao tentar-se dizer algo sobre suas características ou condições clínicas – em algum adjetivo. Sabemos que ele teve uma vida difícil, com vivências de guerra, com perdas e que, como qualquer pessoa, precisou encontrar aplicações práticas às suas questões. Parte desse processo foram seus desenvolvimentos psicanalíticos, dos quais, hoje, todos nós nos beneficiamos e com os quais tanto aprendemos. Desenvolvimentos que puderam ser concretizados a partir de experiências difíceis no consultório e fora dele, como ocorre com qualquer um que se arrisque a trabalhar psicanaliticamente.

Diz Dr. Grotstein: "Um dos grandes legados de Bion transmitidos para mim em análise foi ser capaz de encontrar minha própria voz – escutar a mim mesmo escutando (e lendo) a ele" (Grotstein, 2010, p. 18).

E é isso que eu tento fazer também!

Referências

Bion, W. R. (1994). *Estudos psicanalíticos revisados*. Second Thoughts / W. R. Bion. Tradução de Wellington M. de Melo Dantas. Editora Imago. (Trabalho original publicado em 1957).

Bion, W. R. (1994). Uma teoria sobre o pensar. In *Estudos psicanalíticos revisados*. Second Thoughts / W. R. Bion. Tradução de Wellington M. de Melo Dantas. Editora Imago. (Trabalho original publicado em 1962).

Bion, W. R. (1966). O aprender com a experiência. In *Os elementos da psicanálise*. Tradução de Jayme Salomão e Paulo Dias Corrêa. Zahar Editores. (Trabalho original publicado em 1962).

Bion, W. R. (2004). *Elementos de psicanálise*. Tradução de Jaime Salomão, revista por Ester Hadassa Sandler e Paulo Cesar Sandler. Editora Imago. (Trabalho original publicado em 1963).

Bion, W. R. (2004). *Transformações*: do aprendizado ao crescimento. Tradução de Paulo Cesar Sandler. Editora Imago. (Trabalho original publicado em 1965).

Bion, W. R. (1986). Notas sobre a memória e o desejo. *Jornal de Psicanálise*, 19(39), 33-35. (Trabalho original publicado em 1967).

Bion, W. R. (2006). *Atenção e interpretação*. Tradução de Paulo Cesar Sandler. Editora Imago. (Trabalho original publicado em 1970).

Bion, W. R. (1981). Cesura. *Revista Brasileira de Psicanálise*, *XV*(2) (Trabalho original publicado em 1977).

Bion, W. R. (2007). *Seminários na Clínica Tavistock*. Tradução de Paulo Cesar Sandler. Blucher. (Trabalho original publicado em 1990).

Bion, W. R. (2000). *Cogitações*. Tradução de Ester Hadassa Sandler e Paulo Cesar Sandler. Editora Imago. (Trabalho original publicado em 1992).

Grotstein, J. S. (2010). *Um facho de intensa escuridão*. Artmed. (Trabalho original publicado em 2007).

Junqueira de Mattos, J. A. (2018). *Impressões de minha análise com W. R. Bion e outros trabalhos*. Blucher.

Sandler, P. C. (2020). Objetivos de um tratamento usando o método psicanalítico, contribuições de Bion. In Fulgencio, L. (Org.). *Objetivos do tratamento psicanalítico*. Attar Editorial.

Symington, J., & Symington, N. (1999). *O pensamento clínico de W. Bion*. Climepsi Editores.

11. Quem é Wilfred Bion para você? Em que o pensamento de Bion contribui para a evolução de sua prática psicanalítica?

Beatriz Troncon Busatto, Fernanda Sivaldi Roberti Passalacqua, José Cesário Francisco Junior, Maria Aparecida Sidericoudes Polacchini, Maria Bernadete Amêndola Contart de Assis, Mércia Maranhão, Miguel Marques, Paulo de Moraes Mendonça Ribeiro, Rachel Barbosa Lomônaco Beltrame, Sandra Nunes Caseiro, Sônia Maria Mendes Eleutério Mestriner, Thaís Helena Thomé Marques

Sob o estímulo da questão formulada no tema deste capítulo, "Quem é Wilfred Bion para você? Em que o pensamento de Bion contribui para a evolução de sua prática psicanalítica?", cada um dos autores do livro teceu sucintamente as suas reflexões, expandindo os vértices de observação do referencial bioniano e explicitando a singularidade inerente a cada pensador criativo.

Beatriz Troncon Busatto

Falando sobre a influência das ideias de Bion em minha prática clínica e em minha formação, eu poderia destacar alguns pontos. Acho que o primeiro é sobre uma condição de tentar observar os acontecimentos de uma dada sessão, de um dado encontro analítico, no exato momento em que eles estão sendo vividos. Fui descobrindo como essa condição é preciosa e dá-nos uma qualidade especial para observá-lo. Outro ponto é que aquilo que observamos está sempre em movimento, não é alguma coisa estática. E nós, enquanto analistas, precisamos ter espaço mental para abarcar as evoluções que virão nessa experiência do encontro de duas mentes, e, com isso, propiciar que a dupla possa se aproximar de emoções, de pensamentos e desse universo desconhecido. O estudo de Bion chamou minha atenção para algo que eu sempre valorizei como uma capacidade mental fundante, que é a intuição. Sempre considerei como algo extraordinário a condição de o inconsciente de uma mente se comunicar com o inconsciente de outra pessoa, de outra mente, sem haver uma comunicação verbal, sem haver algo mais concreto em termos de nosso consciente e da nossa percepção. A "aplicação" da intuição no trabalho psicanalítico e a sua expansão sempre me interessaram e guiaram. Mas o que percebo como uma contribuição talvez mais abrangente é a da confiança que tenho de que, em alguns momentos de dificuldade, de escuridão, de ausência de associações no trabalho analítico, a minha mente estará trabalhando em alguma dimensão, mesmo que eu não tenha a menor percepção disso. E a mente do analisando também. Então, ter uma confiança de que este trabalho está ocorrendo e de que, em algum momento, alguma ideia, alguma lembrança, alguma associação vão emergir naturalmente e poderão organizar, dar um sentido àquela experiência que está ocorrendo naquele momento, mesmo que de forma temporária: essa crença, essa confiança de que alguma coisa vai emergir, penso que é o que nos dá sustentação para viver algo desconhecido e saber que isso está acontecendo.

Fernanda Sivaldi Roberti Passalacqua

No momento em que recebi o convite para refletir e responder à pergunta "Em que o pensamento de Bion contribui para a evolução da minha prática clínica?", pensei: "Puxa, que pergunta fácil de se responder". Mas, logo em seguida, ocorreu-me que, apesar de ser uma pergunta fácil de ser respondida, era muito difícil de se alcançar uma realização.

Durante os anos iniciais da minha prática clínica, eu fiz uso do referencial de Melanie Klein, com ênfase ao mundo interno, às fantasias inconscientes e aos mecanismos de defesa, os quais muito me ajudaram e continuam me ajudando até hoje.

Com o passar do tempo, observando-me no contato com os meus analisandos, dei-me conta de que sentia falta de algo mais, de um ingrediente a mais que pudesse nutrir a minha mente e que promovesse uma aproximação com a realidade psíquica do meu analisando, assim como com uma aproximação do vir a ser analista que eu tanto buscava e continuo em busca.

Se Melanie Klein preconizava a importância da neutralidade do analista, Bion atribui um grande valor para a vida mental do analista e do analisando, duas mentes em contínua interação.

A presença mais viva e mais humana do analista na sala de análise propicia a vivência de uma experiência emocional com os analisandos, com o compartilhar de emoções que nascem na relação analítica, e daí a dificuldade que citei no início quanto ao alcance da realização: se, por um lado, o pensamento de Bion contribui com a possibilidade de ter uma maior liberdade para sentir e sofrer as minhas emoções, durante o encontro analítico, exige também um trabalho mental árduo do analista, no sentido de contar com as suas valiosas recomendações, como o exercício da função alfa, da capacidade negativa, da atitude mental de sem memória e sem desejo de compreensão e da capacidade negativa.

Essa pergunta feita a mim, tão fácil de ser respondida, proporcionou uma abertura para novas reflexões, alicerçadas por novas incertezas e mistérios. Descobri que não era tão fácil como eu acreditava ser. O pensamento de Bion trilha um caminho de transformações, em busca de uma verdade sempre inalcançável.

José Cesário Francisco Junior

No que concerne à proposta de quais acréscimos W. R. Bion e seus pensamentos me proporcionaram na prática clínica, destaco o seguinte: como integrante que sou da SBPRP, participei de um curso on-line organizado pela Diretoria de Tecnologia, que tem à sua frente Paulo Ribeiro, a quem eu agradeço o convite feito por meio da Patrícia Peruchi. Esse curso versou sobre os conceitos elementares da obra de Wilfred Ruprecht Bion.

Assim, um grupo de pessoas foi convidado para o objetivo apresentado e formou-se um grupo de trabalho que resultou no atual livro. Com esta introdução, vejo que estou realizando um dos primeiros trabalhos do autor: experiências em grupo. Atualizo, concomitantemente, minha primeira experiência psicanalítica, que foi uma análise de grupo.

Nesse vislumbre inicial, à moda de um prelúdio, vejo que, sem saber, teoricamente, vivi experiências emocionais de supostos básicos para chegar a um grupo de trabalho, como eu penso que até hoje ocorre em uma sessão psicanalítica.

O trânsito feito de supostos básicos para um grupo de trabalho inclui vivências de fatos selecionados, invariantes e transformações. O grupo analítico inicial converge em diferentes espaços e tempos, com o grupo de dois em análise, e com o grupo que se formou para dar uma consecução à meta desejada. Transformações foram feitas, assim como evidenciamos invariantes.

A narrativa pressupõe uma experiência analítica que precede o estudo teórico. Assim, introduzo três pessoas que foram me apresentando em análise o autor: José Américo Junqueira de Mattos, Virgínia Leone Bicudo e Antonio Sapienza.

Na instituição em que realizei minha formação inicial, constituíram-se em um tripé. José Américo Junqueira de Mattos, com quem fiz análise didática, analisou-se com W. R. Bion, além de ter sido analisando de Frank Phillips, que, por sua vez, tinha se analisado com Bion. Virgínia Leoni Bicudo, analista que foi minha primeira supervisora, foi para Londres, e lá teve contatos com Bion e foi responsável por trazê-lo para o Brasil. Antonio Sapienza é um estudioso da obra de Bion, e com ele estudo até hoje.

Essas três pessoas assimilaram e foram me apresentando o autor em questão. Eu penso, e em parte, respondo quem é para mim Wilfred Ruprecht Bion. Assim como buscou e encontrou quem o acolhesse como ele era, eu encontrei pessoas que deram o que tinham de favorável, despertaram e despertam o que de favorável está em mim, para estar ou não comigo mesmo e também com outras pessoas em análise.

Maria Aparecida Sidericoudes Polacchini

Meus primeiros contatos com as ideias de Bion ocorreram em minha segunda experiência de análise, com um analista fortemente identificado com o pensamento bioniano, cinco anos antes de iniciar minha formação psicanalítica. Essa relação proporcionou-me uma experiência emocional com esse pensamento. Ali, aprendi a respeitar minhas observações, percepções e continuar a busca de minha própria forma, o vir a ser o que sou, uma "preconcepção", expectativa que me acompanhava e levou-me a buscar a psicanálise.

Prosseguindo com essa análise, iniciei minha formação analítica: fiz seminários clínicos com alguns analistas de influência bioniana; então, a identificação com esse pensamento foi se fortalecendo, afinando minha escuta.

Durante os últimos anos de minha formação é que iniciei os estudos da obra de Bion, uma experiência ímpar no sentido da articulação da teoria e clínica. Também, as supervisões oficiais ajudaram-me a expandir a visão da mente em suas múltiplas dimensões e o uso de diversos vértices para o contato com a realidade psíquica.

Posteriormente, vieram as reanálises. Embora com uma analista reconhecidamente kleiniana, a mim me parecia mais bioniana, pela sua maneira de abrir-me caminhos ao desconhecido. Caminhos que permanecem abertos e entusiasmam-me.

Depois, veio um novo tempo de supervisão, no qual pude desenvolver uma observação mais atenta sobre as transformações, apontadas por Bion, o que me possibilitou um olhar diferenciado para as questões clínicas e para a vida.

A experiência com esses analistas ajudou-me a fortalecer uma condição própria ao exercício clínico, de respeito ao que é alcançável para mim, para o outro e para a relação.

Incluo nessas parcerias as experiências compartilhadas com meus colegas, com os analisandos e supervisionandos, um vínculo de acolhimento e confiança, tanto para o não saber quanto para o nascer e evoluir do pensamento e do pensar.

Acrescento os estudos contínuos nos quais revisito temas, e deles sempre extraio algo novo, também com a ajuda de autores que se dedicam à obra de Bion. Retomo constantemente Freud e Klein, busco os contemporâneos e inclino-me com curiosidade a outros campos de conhecimento que sempre foram de meu interesse, e, com isso, acredito manter diferentes vértices na clínica.

Penso que, com essas experiências, desenvolvi uma condição interna que tem me acompanhado, a "capacidade negativa": convivência com o desconhecido, com incertezas, disponibilidade emocional e de pensar mais ampla, especialmente com relação a estados psíquicos fragmentados, sem pressa de encontrar o "fato selecionado", com uma capacidade de espera do surgimento dos sentidos, reconhecendo o transitório das experiências e o inalcançável. Considero isso importante para a clínica e para a vida.

Maria Bernadete Amêndola Contart de Assis

Sou psicóloga, formada no ano de 1977. Digo isso para localizar no tempo meu primeiro contato com as ideias de Bion.

Embora tenha estudado psicanálise durante a graduação, não estudei a teoria de Bion. Fomos apresentados às teorias de Freud, Klein, Winnicott, Jung e Lacan. Penso que não havia, ainda, naquele tempo, professores com conhecimento suficiente de Bion para apresentar aos alunos suas ideias. No entanto, ouvi falar de Bion durante meu período de graduação. Uma das minhas professoras era Maria Olympia França, psicanalista. Lá pelos idos de 1975, lembro-me de que, um dia, ela contou aos alunos que um psicanalista inglês, chamado Wilfred Bion, estava em visita à SBPSP, fazendo palestras e supervisões, e que estava trazendo ideias novas, que revolucionavam as ideias mais clássicas e tradicionais da psicanálise. Seus entusiasmo e inquietação eram de tal ordem que ficaram gravadas nas minhas recordações daquele tempo. Quem seria aquele que "ousava provocar um distúrbio no universo"[1] psicanalítico?

Essa primeira notícia que tive de Bion resume o que aconteceu comigo depois que passei a ter contato com suas ideias: perturbações – positivas e bem-vindas – no meu universo. Tive contato com novas visões na teoria e na técnica psicanalíticas e, mais do que isso, nova visão sobre o funcionamento mental; nova visão sobre o humano e sobre a vida. O contato com a teoria de Bion não teve implicações apenas para meu trabalho clínico; muito mais do que isso: teve repercussão no meu modo de ver a vida e o viver humano.

Nesse texto, vou me restringir às contribuições de Bion para o meu trabalho clínico.

Começo pelo termo *expansão*. Observo que, com Bion, houve uma expansão do meu campo de observação para além da transferência e contratransferência, do consciente e inconsciente, dos objetos internos do paciente, que se apresentam na relação comigo; uma expansão para além das angústias e defesas a serem identificadas na sessão; uma expansão para além do significado do conteúdo dos sonhos relatados. Vejam que estou falando em expansão, e não em substituição. O campo analítico se ampliou para mim.

Que diferença ocorreu em mim? Fui aos poucos saindo do lugar do analista que busca uma interpretação para oferecer ao paciente, para um estado de disponibilidade, de estar receptivo à

1 Tomo emprestado o título de um livro organizado por James Grotstein (1988), em homenagem a Bion: *Do I Dare Disturb the Universe?* (Ouso perturbar o Universo?).

vivência das emoções que se apresentam no encontro com o paciente e exercer uma função de colaboração, que promova o contato do paciente consigo mesmo, comigo, com a vida, atravessando o espectro do terrífico ao esplêndido, da dor indizível à alegria extasiante. Para usar poucas palavras, sobre a diferença que identifico em mim: não é busca "de"... É imersão "em"...

A atenção às associações livres do paciente deram lugar à atenção à "com-versa" livre entre nós dois. Para onde ela nos leva? Que caminhos percorremos entre a abertura para a investigação e a evasão da investigação? Vamos assim – analista e analisando – exercitando o contato com a realidade psíquica, cabendo a mim, analista, a função de promover esse contato.

A disponibilidade para o outro implica *auto-observação*. Procuro estar atenta ao que se passa comigo: como experimento aquele encontro, na dimensão do sentir e do pensar; como meu ser reverbera o ser do paciente. A imersão ativa a criatividade para encontrar palavras e imagens que correspondam à experiência vivida e para comunicá-la ao analisando.

Vou mergulhando na experiência do encontro, confiando que o encontro possa ser transformador para o paciente e para mim.

Penso que Fernando Pessoa colabora comigo para dizer em que Bion contribui para meu trabalho clínico.

O essencial é saber ver,
Saber ver sem estar a pensar,
Saber ver como se vê,
E nem pensar quando se vê,
Nem ver quando se pensa.
Mas isso (tristes de nós que trazemos a alma vestida!),

> *Isso exige um estudo profundo*
> *Uma aprendizagem de desaprender*
> *E uma sequestração na liberdade daquele convento*
> *De que os poetas dizem que as estrelas são as freiras eternas*
> *E as flores as penitentes convictas de um só dia,*
> *Mas onde afinal as estrelas não são senão estrelas*
> *Nem as flores senão flores,*
> *Sendo por isso que lhes chamamos estrelas e flores"*
> *(Fernando Pessoa, "O guardador de rebanhos, XXIV").*

O que Bion fez comigo?, pergunto.

Ele desvestiu minha alma, respondo.

Mércia Maranhão Fagundes

Meu nome é Mércia Fagundes. Acho que é importante eu dizer que nasci e cresci em uma análise embasada no legado bioniano. Meu encontro inicial com Bion se deu na minha primeira sessão de análise, quando, após ouvir meu relato, meu analista me disse que o que me angustiava era o temor de não conseguir conter minhas expectativas de vida, emoções violentas, meus sonhos. O que eu introjetei naquele momento com aquela interpretação foi a ideia de que eu precisaria desenvolver um continente para as minhas experiências de vida, mas o que mais me chamou atenção foi o clima e a atmosfera acolhedora, e a atenção que eu sentia de meu analista. Eu sabia que estaria acompanhada, não estaria só; alguém podia ver a minha angústia e ser capaz de não entrar em um estado de pânico. Vivi outras experiências de análise, e em cada uma delas eu aprendia o quão importante seria minha experiência emocional e quanto seria necessário viver tais momentos para que eu pudesse sentir e pensar. À medida que eu aprofundava meus momentos de mim e, consequentemente, de meus analistas, eu percebia a relevância de sentir-me humana e conseguir pensar a respeito do que é ser humano.

Miguel Marques

Eu posso dizer que o impacto do pensamento de Bion no meu trabalho clínico continua em evolução, não parou!

Apreender as ideias que ele propôs desde o início dos seus pensamentos e da construção da sua obra até atualmente, com seus últimos trabalhos, não implica uma condição de apreensão teórica, apesar de que isso é fundamental com o fim de que minimamente possamos mapear quais são as dimensões mentais para as quais ele produziu pensamentos e conjecturas.

O que para mim ficou muito mais interessante foi apreender, ou pelo menos aspirar a ou perceber que horizonte de eventos ele estava considerando, qual o campo de observação sua proposta observacional propunha.

Essa condição passou a ser fundamental para apreender a evolução dos conceitos e das conjecturas que ele foi formulando para dar conta de problemas clínicos que encontrou ao longo do seu trabalho. Desde o começo, quando ele utilizava as referências kleinianas, até o fim dos seus dias, quando ele apreendeu e desenvolveu instrumentos que generosamente foram oferecidos a todos nós, os conceitos e conjecturas apontam a profundidade da ignorância e vazios que ele pode alcançar observando a condição humana.

Bion nos permitiu observar com profundidade e com alguma discriminação os equívocos e enganos que um analista diante do desconhecido pode promover, a partir de falsas teorias e esquivas da possibilidade de continuar investigando a dor mental.

Com seus trabalhos, vai se delineando uma postura analítica que propõe que a dor mental seja investigada intimamente no analista.

A ideia do "tornar-se O" e de considerarmos uma realidade "O incognoscível" propõe não uma idealização dos referenciais de Bion, o que é comum, mas uma aspiração, isto é, colocar-se na direção de buscas que se estendam para além dos enclausuramentos e aprisionamentos que acometem a dupla analista/analisando na empreitada psicanalítica.

Paulo de Moraes Mendonça Ribeiro

Bion foi o tipo de pessoa, mais do que um tipo de psicanalista, capaz de formular que o único ser "bioniano" entre os colegas analistas só poderia ser ele mesmo, cujo sobrenome era Bion.

Parthenope, sua filha, que também era psicanalista, talvez também pudesse. Freudiano, só mesmo Freud, e quem sabe a Anna Freud também. . . Kleiniana, só mesmo Melanie Klein. Winnicottiano, só mesmo ele. . . E assim por diante. Então, o que quero dizer com isso?

Penso que o corpo teórico-clínico que Bion nos legou, mais do que suas ricas teorias e técnicas, levou-nos a desenvolver a capacidade de sermos nós mesmos no nosso trabalho clínico cotidiano. E isso inclui sermos o "artista" que nos habita (ele nos ensinou que, dentro de cada um de nós, existe um artista, que precisamos conhecer e praticar); permitirmos – e mesmo favorecermos – que a criatividade, a imaginação radical, a improvisação, o inusitado, as intuições, enfim, fenômenos dessa natureza façam parte da rotina do nosso trabalho cotidiano. Obviamente, isso tudo sem perdermos a capacidade de, simultaneamente, continuarmos a observar e a pensar psicanaliticamente o que está ocorrendo na relação.

Então, entre as inúmeras contribuições de Bion, tendo de escolher um fator, eu escolho este: Bion me permite o uso radical de tudo o que eu sou em uma relação pessoal, de tudo o que eu puder pensar, sonhar, sentir e criar na relação íntima com o outro-que-não-eu.

Eu ainda costumo chamar essa relação de "relação psicanalítica" (o que é apenas um nome, uma palavra), mas é sempre uma relação humana, que visa à expansão da mente dessa pessoa que se dispõe a usar seu tempo de vida (e o meu) rumo a ser quem ela já é e quem ela – potencialmente – pode, cada vez mais, vir-a-ser.

Paradoxalmente, trabalhando sob esse vértice, o analista também sofre essas transformações e evolui. Esse é um dos "efeitos colaterais" benignos, embora dolorosos de se ser um psicanalista... Obrigado, Bion!

Rachel Barbosa Lomônaco Beltrame

O contato inicial com as ideias de Bion gerou em mim considerável turbulência, que me parece esperada quando se defronta com algo tão novo; muitas vezes, o continente não tem condições de suportar, necessitando, então, de alguma tolerância para expandi-lo e, com isso, abrigar conteúdos inovadores.

Os conceitos de vértice, transformações e de objeto psicanalítico como multidimensional e multicausal alteraram muitos parâmetros que considerávamos até então. Mesmo aqueles que se utilizam de outros referenciais não puderam deixar de introduzir na sua prática clínica alguns dos conceitos desenvolvidos por Bion.

Penso que diversos paradigmas foram alterados, sobretudo aqueles que se referem à expansão da psicanálise como passível de ser utilizada nos quadros mais graves/psicóticos nos quais a concretude do funcionamento mental se sobrepõe à abstração. Essa ampliação se fez sentir também na consideração da mente do analista como fundamental para promover transformações a partir da experiência compartilhada que ocorre no encontro: a unidade da psicanálise é o par, de forma que analista e paciente constroem, a cada encontro, o objeto psicanalítico, corroborando, dessa forma, a importância da análise do analista. Essa foi uma das valiosas contribuições de Bion, aliás.

Os meus vínculos interpessoais sofreram também grandes alterações: o conceito de transformações me conduziu a uma saudável cautela nos julgamentos morais que faço, sobretudo por levar em consideração o vértice das observações que cada um de nós utiliza em determinada situação. Indagação permanente!

Enquanto psicanalista, sinto mais flexibilidade, plasticidade e liberdade na minha prática clínica, e a necessidade de atenção permanente não somente naquilo que imagino que possa estar ocorrendo no paciente como um olhar mais atento aos movimentos que ocorrem no meu contato com ele.

A conceituação de transformações em alucinose, a existência de uma parte psicótica da personalidade, a reversão da função alfa e consequente crescimento negativo da grade, que podem ocorrer tanto no paciente como no analista, tornaram-nos mais cientes de que estamos sujeitos, em determinados momentos, a perdermos a nossa condição de pensar. Com isso, acredito que nos tornamos menos arrogantes, embora eu pense ser importante a existência de uma assimetria do par. A tolerância ao não saber poderá, assim, propiciar maior interesse no aprender com a experiência e apreciar o conhecimento advindo dela.

Sandra Nunes Caseiro

A proposta é que eu responda a duas perguntas. A primeira: quem é W. R. Bion para mim? Eu tenho um Bion imaginado, criado dentro de mim. Para mim, Bion é um pensador genial, que escreveu sobre psicanálise de uma forma original, e cada releitura de seus textos aguça minha curiosidade e imaginação mais uma vez. Um pensador muito inteligente, sensível, que, de forma perene, olhou com honestidade para si, para os seus analisandos e para o trabalho que realizava junto a eles.

A segunda pergunta: em que o pensamento de Bion contribui para a evolução da minha prática psicanalítica? Esta é mais complexa para responder. Primeiro, eu comecei a pensar que "itens" eu inseri na minha maneira de trabalhar a partir do momento que eu passei a estudar o pensamento de Bion. Isso não é uma coisa fácil de se responder, porque, quando você vai estudando, além de apreender os conceitos, a teoria, as ideias etc., você vai vivenciando um movimento que existe em cada texto. Bion se utilizou de uma coreografia que dirige a nossa mente para diversas direções. E, em cada direção, a gente vai encontrar vários elementos que, anteriormente às leituras, não existiam na minha maneira de pensar em um trabalho com psicanálise.

Então, pensei em valer-me de três palavras que, imagino, envolvem todos esses elementos que fui encontrando. São as palavras: evolução (que até está na pergunta), honestidade e paixão.

Evolução em um sentido de que nunca vou estar pronta. Então, a melhor maneira para eu trabalhar hoje é a condição que tenho hoje. A minha competência, as minhas falhas, meus equívocos, de hoje. E, quando penso em uma dupla, eu e cada analisando com quem eu trabalho, vale a mesma ideia: a melhor maneira de estarmos juntos é o que é possível para nós hoje. E a busca é que consigamos inserir em nossa dupla um movimento que permita que esses encontros se transformem em algo útil para o analisando poder resolver cada vez melhor as questões da sua própria vida. Para que uma dupla consiga entrar nesse movimento, que não é uma evolução "pré-sabida", não há um lugar específico para se chegar, não há um objetivo predeterminado (o objetivo é alcançar esse movimento como se fosse a dança de um casal), honestidade de cada elemento da dupla, consigo mesmo e com o outro, é fundamental. E honestidade é algo que exige muito do emocional de cada um. Então, se não houver paixão por esse trabalho que é realizado, não haverá possibilidade para essa dupla entrar nesse movimento.

Eu fico por aqui, fico satisfeita com essas palavras, desejo uma ótima segunda parte do curso para cada um de vocês. E fiquei curiosa: se, daqui a um tempo, fizermos as mesmas duas perguntas para vocês, o que será que responderão?

Sonia Maria Mendes Eleutério Mestriner

O que mudou na minha prática analítica a partir de Bion? A minha formação analítica abrangeu principalmente Freud, Klein e Bion, além de alguns autores que fui estudando no decorrer do meu trabalho em psicanálise. A influência desses autores continua no meu viver e na minha vida profissional. Mas o meu contato com Bion "ousou perturbar o meu universo", em um processo de contínuas transformações.

Aprendi que podemos vivenciar a multidimensionalidade e a instantaneidade das experiências emocionais: o passado, o presente e o futuro, o possível e o impossível emergem, compondo um momento.

Olhar as vivências emocionais sob o vértice do analista e não apenas sob o vértice do paciente é uma transformação do trabalho analítico. É um reconhecimento de que, em nosso trabalho, a unidade é o par funcionando em um movimento de transformações, ora em direção ao crescimento negativo, ora ao positivo, com a esperança de que o último predomine. O resultado do par pode ser mais ou menos que 1+1=2; a matemática é semelhante à de Lewis Carol em *Alice no país dos espelhos*.

Levou-me a considerar a capacidade negativa do analista, de suportar o seu não saber, as dúvidas e incertezas, sem buscar algo precipitado, em uma tentativa de esquivar-se da dor.

Busco aproximar-me de ser verdadeira comigo mesma e na experiência com os pacientes, e um modo de expressar isso na relação: em palavras que contenham essa dimensão da verdade e de um modo que respeite a condição do paciente.

É de importância treinar a atitude "sem memória, sem desejo e sem necessidade de compreensão" preconizada por Bion. O caminho doloroso do crescimento de quem se propõe à psicanálise é comparável (nas devidas proporções) ao que São João da Cruz propõe com a finalidade de se chegar a Deus e que consiste em passar pelo que denomina *noite escura*: privação dos sentidos, do apetite (sofreguidão desordenada) pelas coisas exteriores e fé (escuridão para o entendimento). Lembra-me também o que Freud escreveu no obituário de Charcot sobre o método utilizado por este: olhar repetidamente para o que não compreendia até que, repentinamente, uma compreensão nele surgia.

A intuição, a empatia e a observação fazem parte da condição do analista. Isso me faz pensar que a psicanálise transcende a ciência vigente no século passado.

Para mim, foi uma expansão considerar a mente em um movimento contínuo de transformações, envolvendo as posições PS e D, preconizadas por Klein.

Não poderia deixar de mencionar as contribuições de Bion em sua "Teoria sobre o Processo de Pensar", as noções de continente-contido como modelos, quando refletimos e escrevemos sobre a nossa prática analítica, e também suas contribuições em relação ao psiquismo fetal e à mente primordial.

Para este curto espaço de tempo, foi o que surgiu em minha mente, reconhecendo o desafio e a dificuldade que essas expansões nos propõem.

Thaís Helena Thomé Marques

O pensamento de Bion me auxiliou a adquirir uma postura/atitude peculiar no meu trabalho. Para uma primeira compreensão, proponho um modelo ficcional a partir do qual eu vou me expressar a respeito disso. Imaginemos uma criança em um estado de expectativa, brincando com água e areia na praia.

Se o seu estado mental é de abertura para o campo da experiência, ela não quer controlá-lo, não quer possuí-lo. Ao brincar, experimenta, entre outras sensações, uma proveniente do contato direto com o material; é agradável.

Além do efeito fisiológico sobre suas mãos, experimenta outros efeitos, entre eles o sentimento de curiosidade que ela própria causa em si a partir da oportunidade que a criança dá às sensações que a provocam. A aparência do que ela cria é a forma, e essa, por sua vez, é o complexo das suas sensações e dos seus sentimentos interligados.

Eventualmente, ela pode ficar frustrada com a demora em conseguir uma forma que organize para ela, de maneira característica, o conjunto de sensações que ela experimenta naquele momento. A forma vai conferir unidade e identidade ao conjunto, mas ela terá de ultrapassar essa sensação de mal-estar para poder dar continuidade ao brincar.

Se ela está aberta e estimulada na sua capacidade de apreender/discernir e pensar, oferece à apreensão e ao pensamento a oportunidade de desempenharem-se de forma espontânea. Imaginemos que ela faça um buraco na areia e que o preencha de água, dizendo que fez o mar.

A criança apenas brinca e vai transfigurando sua realidade, que, por sua vez, adquire formas variadas a partir dessa abertura para o campo da experiência e da investigação.

Na melhor das hipóteses, vai criando frestas para a criatividade e a experiência vai se desdobrando até o momento de alguma ruptura na continuidade da brincadeira, momento em que tem que atravessar para outro estado mental. Por exemplo, o adulto pode dizer: Vamos embora! Sensações turbulentas virão a partir daí que podem tanto se inibir como ser atravessadas, sofrendo transformações, outras formas.

Voltando ao ponto inicial, que é a postura que eu adquiri do contato com as ideias de Bion, posso dizer que é uma atitude desinteressada ante os efeitos que a experiência com o analisando pode produzir em mim. Desinteressada não no sentido comum dessa palavra, que normalmente é entendida como apatia ou ausência, mas eu diria que me torno distraída, desapegada do jugo moral.

É uma postura de abertura para a experiência e que não se caracteriza por uma posição passiva nem ativa às sensações e emoções turbulentas no campo da investigação.

Com isso, quero dizer que não me limito apenas a receber as impressões do analisando, mas me torno parte da experiência por meio de dispor-me para o que vou sentindo, para a ruptura de continuidades. Seguindo o ritmo da experiência, eu produzo continuidades e percebo que estou vivendo os instantes no tempo que estamos juntos.

Essa atitude exige de mim disciplina para tolerar o que se apresenta sem forma para mim, não porque não tenha forma, mas porque eu ainda não alcanço uma imagem, preciso de tempo para isso. Quando consigo, adquiro um tipo de espontaneidade natural, não forçada. Isso me auxilia a sentir-me disponível para compartilhar com o analisando a criação de novos vértices de observação, as nossas novidades.

Por fim, se iniciamos uma observação analítica com uma hipótese, que deve ser considerada apenas como uma primeira hipótese temporária a partir da qual virão outras, a experiência se desdobra.

12. O uso dos "modelos" na prática clínica

Maria Aparecida Sidericoudes Polacchini

12.1

Modelos são meios de comunicar uma experiência, um grau de abstração da experiência emocional na direção da construção teórica. Denominados por Freud de "andaimes", são "instrumentos iniciais para abordar uma questão, ou um problema real composto por fatos desconhecidos" (Sandler, 2021, p. 753).

O analista cria modelos a partir de sua experiência emocional, seu conhecimento teórico, seu acervo cultural e do implícito no material do paciente. Disse Bion, sobre a possibilidade do amplo uso de modelos: "A invenção do modelo aumenta o número de eventualidades a que se esclarece e diminui o número de teorias psicanalíticas de que o psicanalista precisa como instrumento de trabalho" (Bion, 1966/1962, p. 106).

Quando os modelos se mostram apropriados para múltiplas situações, podem transformar-se em teoria, como ocorreu, por exemplo, em relação ao modelo da tragédia sofocliana, Édipo rei, usada por Freud, base da construção da teoria edipiana sobre a estruturação psíquica.

Bion demonstrou uma preferência por modelos analógicos, mais do que por teorias. Segundo Grotstein (2007), por eles serem mais versáteis e capazes de revelar a "vitalidade do ser humano em estado de fluxo e as variações mais misteriosas no sujeito indizível" (p. 67).

A Teoria dos Modelos foi criada nos anos 1950, pelo matemático, lógico e filósofo Alfred Tarski, e está baseada na lógica moderna, com a noção de *consistência* ou *coerência* de crenças e recorre livremente à intuição para representar vivências novas em termos das antigas. Ver uma vivência nova, desconhecida, a partir das antigas, é a base de como os modelos são usados para lidar-se com necessidades urgentes, incertezas e angústias (Skelton, 1995).

Nessa direção, Bion chamou a atenção para os modelos, em ampla explanação no livro *O aprender com a experiência* (1966/1962). Propôs o uso de "qualquer experiência como 'modelo' de experiência futura [. . .]. A função alfa proporciona, durante a experiência, os elementos necessários à invenção do modelo para a experiência subsequente" (p. 92). A própria função alfa é considerada um modelo extraído da matemática (funções e fatores). Disse Bion:

> *O modelo deverá preservar algo da experiência original, mas com flexibilidade para permitir a adaptação às experiências novas, embora similares [. . .] o valor de um modelo consiste em que seus dados familiares estão disponíveis para satisfazer qualquer necessidade urgente, interna ou externa. O fato selecionado precipita o modelo. (idem, p. 93)*

O fato selecionado "é o nome da experiência emocional da sensação de descoberta de coerência" (ibidem, p. 91). Este, Bion propôs inspirado no processo de criação da fórmula matemática de Henri Poincaré, matemático, físico e filósofo do século XX ("Ciência e Método"). Disse Poincaré:

> *Se um resultado novo deve ter algum valor, ele deve unir elementos há muito conhecidos, mas até então dispersos e aparentemente estranhos uns aos outros e subitamente introduzir ordem onde reinava a aparência de desordem [. . .]. O fato novo não só tem valor por si mesmo como também confere um valor aos fatos antigos que ele une [. . .]. (apud Bion, 1966/1962, p. 90)*

A interpretação que reúne elementos dispersos da experiência, dando alguma coerência ou consistência, tem também essa função unificadora e propicia a formação de novos modelos (Skelton, 1995).

12.2

Da profusão de modelos conjecturados por Bion, selecionei alguns: o sistema digestório é uma das referências aos processos de pensar e conhecer em analogia à metabolização de alimentos em nutrientes para as células. O bebê nasce com a preconcepção (expectativa de realização) do seio. Quando essa preconcepção é satisfeita pela presença do seio que alimenta, é realizada positivamente. Mas a preconcepção também se realiza negativamente, na experiência de frustração pela ausência do seio nutridor. Então desenvolve-se uma ideia da ausência do seio, que substitui o seio concreto, e assim passam a existir os processos de pensamento – metabolização da experiência – que representam "o que não está lá"; o "seio ausente" é substituído por ideias (Bion, 1977/1962).

Figura 12.1 – Madona Litta *(1490), de Leonardo da Vinci. Disponível em: <https://www.wikiart.org/pt/leonardo-da-vinci/>. Acesso em 20/03/2022.*

Essa analogia da ação da mente com o processo digestivo é também importante "à medida que auxilia falar de 'fatos não digeridos'" (Bion, 1966/1962, p. 100). Há situações em que o bebê se ressente da ausência do seio nutridor, não digere a experiência da ausência e fica dominado por uma catastrófica sensação de falta e presença de terror. Experiências não digeridas apontam para evacuações do pensamento: intoxicação e indigestão mental, como nos pesadelos e delírios.

Os processos mentais na vida adulta são uma função dos processos mentais do bebê influenciados pela qualidade dos cuidados maternos, constituindo as primeiras experiências de modelação. Assim, as posteriores experiências de vida são vistas em termos das antigas, princípio da psicanálise e da Teoria dos Modelos (Skelton, 1995).

Uma experiência é a da transferência, repetição de modelação arcaica que comparece na análise, cujo processo analítico promove a desconstrução desse padrão antigo e propicia novos modelos de funcionamento mental e de vida. Bion chamou a atenção para o transitório dos sentimentos transferenciais, apontando para a relação transiente, na qual a relação com o analista real possibilita a criação de novos modelos. Novas experiências promovem mudança de modelos e possibilita crescimento. A transferência passou a fazer parte da Teoria das Transformações (Bion, 1983/1965), com seu correlato as "invariâncias", cujos modelos foram extraídos da arte, matemática, geometria e mística.

Outro modelo associado ao já citado sistema digestivo é o da *rêverie* (que corresponde à dimensão dos sonhos), estado mental receptivo, expressão da função alfa, base para o processo de conhecimento das qualidades psíquicas de si mesmo e do outro.

O bebê que chora descarrega uma emoção desagradável na mãe, ao mesmo tempo que comunica essa emoção pela identificação projetiva. Essa comunicação, se recebida com *rêverie* pela mãe, pode ser "digerida" – desintoxicada da sensação de catástrofe iminente – e devolvida à criança. Nesse processo, a criança introjeta uma condição de digerir emoções, estabelecer ligações consigo mesma, com o outro e desenvolver capacidade para pensar e resolver problemas (Bion, 1977/1962).

Bion conjecturou o aparelho psíquico capaz de transformar os dados sensoriais em pensamentos oníricos e pensamentos inconscientes de vigília a partir do psiquismo da mãe, que com as transformações possibilitadas pela *rêverie*/função alfa promove a formação da barreira de contato (modelo neurológico) permeável e seletiva, que marca a contiguidade entre os elementos conscientes e inconscientes.

O seio pensante que faz a "digestão" promove transformações, possibilita o desenvolvimento do objeto compreensivo na criança, com condição de representação, de transformações simbólicas, de contato com a verdade e relações de significados com as realidades interna e externa.

12.3

O paciente que realiza identificação projetiva possui equipamento interno para representar a si mesmo o espaço mental; tem uma concepção do continente (espaço) no qual pode fazer a projeção: o modelo conjecturado é do geômetra, pela capacidade de abstração em relação ao espaço, com possibilidade de infinitas soluções.

Ao paciente que não pode recorrer à identificação projetiva, Bion apontou o mecanismo da projeção explosiva (Bion, 1973/1970). Esta resulta no sentimento de uma imensidão tão ampla que pode ser representado pelo espaço astronômico (outro modelo). O espaço mental do paciente é tão extenso em comparação a qualquer realidade sensorial que a capacidade emocional se perde na imensidão. O que antes se apresentava como emoções, imagens visuais, pensamentos e verbalizações é, agora, fragmentos flutuando em um espaço cujos limites espaciais e temporais não são definidos, como o pânico e o surto psicóticos.

Um modelo conjecturado em relação à existência de um objeto para acolher as identificações projetivas é o "tropismo", uma "ação de busca" (Bion, 2000/1992, p. 47), em analogia ao fenômeno biológico que direciona o crescimento de um organismo devido a um estímulo externo, como as plantas em direção à luz.

Bion abstraiu da Teoria da Identificação Projetiva o conceito de continente e contido, criando um novo modelo, usando os símbolos feminino e masculino para designar essa relação. Simbologia sexual usada no sentido de relação geradora de significados e de pensamentos. Disse: "Continente e contido se mostram pela emoção susceptíveis de conjunção e disjunção [. . .] são capazes de se unirem e penetrados pela emoção se desenvolvem em relação vitalizadora e simbólica. Se forem separados ou privados de emoção perdem vitalidade e se aproximam de objetos inanimados" (Bion, 1966/1962, p. 108).

Sobre as relações entre indivíduos e indivíduo e grupo, usou também modelos extraídos da biologia: relação comensal, em que a existência de um é inofensiva à do outro; a simbiótica, cujo confronto produz crescimento; e a parasitária, cuja associação leva à destruição (Bion, 1973/1970).

12.4

Os modelos teóricos kleinianos da posição esquizoparanoide (PS) e depressiva (D) dão ênfase à passagem de PS para D, ou seja, da fragmentação para a integração. Bion apontou também o trânsito inverso, de D para PS, como um movimento de quebrar modelos, introduzindo a noção de inconstância, causando turbulência, uma mudança catastrófica, permitindo que algo novo ocorra em direção ao tornar-se. Tendência criativa de destruir modelos antigos de pensamento e, com o novo modelo, a necessidade de fazer-se novamente a passagem de PS para D. Uma oscilação contínua de criação e destruição de modelos de mundo interno e externo (Skelton, 1995).

Destaco o mito bíblico da Torre de Babel (para Bion, o mito está para a sociedade assim como o modelo para o cientista): as pessoas construindo em conjunto uma torre para chegarem ao paraíso, contato com Deus. São punidos por Deus, assim, uma força hostil, destrutiva, as detém; da cooperação passa-se à dispersão. Tendências de criação e destruição no ser humano (Eigen, 2017).

Além de Babel, Bion (1966/1963) privilegiou o mito bíblico do Jardim do Éden, apontando para a hostilidade do Deus em relação ao conhecimento e o de Édipo, em relação à arrogância na busca da verdade, como modelos para a apreensão do mundo psíquico. Na categoria de imagens, junto aos pensamentos oníricos e aos sonhos, situou os modelos míticos na fileira C da grade.

12.5

O modelo médico de cura influenciou inicialmente a psicanálise, mas não se mostrou adequado para a investigação de fenômenos psíquicos (Bion, 1973/1970). O médico lida com os sentidos e o psicanalista com as qualidades psíquicas, oferecendo uma dimensão psíquica à realidade apresentada pelos sentidos, indo além da sensorialidade. Bion designou essa atividade como intuição. Intuir: "ver dentro" ou "de dentro". O modelo proposto para a apreensão dos fenômenos mentais é o visual, mas um olhar para além do que está sendo visto, o invisível, uma escuta para além do que está sendo verbalizado (Rezende, 1999).

Outro modelo, baseado na visão, proposto para a atividade do analista e que trata da relação simultânea do consciente e inconsciente são "os dois olhos, operando em 'visão binocular', para relacionar duas perspectivas do mesmo objeto" (Bion, 1996/1962, p. 104). Outro modelo, figura e fundo, para o trânsito de visão (vértices), apontando para a plasticidade da perspectiva reversível. E, para a manutenção da capacidade de pensar do analista, sob situação de turbulência emocional, Bion usou o modelo da guerra, associando ao oficial "que se espera que seja capaz de continuar pensando caso se encontre em uma posição em que surja o pânico, o medo" (Bion, 1992/1978).

Bion correlacionou a atividade do analista a um modelo estético, em analogia ao pintor. O pintor transforma o que ele apreende da experiência emocional de uma paisagem na representação de uma pintura, transforma uma realidade em uma representação. O analista deve transformar uma realidade (a experiência analítica) em uma interpretação, abrindo perspectivas para o até então não percebido, não sentido e não pensado (Bion, 1983/1965), recriando a relação com a realidade interna e externa.

Na psicanálise, um pensamento (concepção) alcançado não se esgota. Uma concepção deve ter valor de preconcepção (estado de expectativa), ou seja, estar aberta a novas ideias. Bion conjecturou para este processo o modelo matemático da incógnita (Bion, 1966/1962, p. 109). Entretanto, na matemática, resolvida a incógnita, fecha-se o problema. Na psicanálise, a resolução de um problema abre novas questões, novas incógnitas, novas ideias.

Outro modelo para esse fluxo que aponta para mudança de estados mentais é o da cesura do nascimento (Bion, 1982/1977), aproximação da personalidade pré-natal e pós-natal. Esse modelo é complementar ao modelo retirado da filosofia socrática: a maiêutica. Bion vê o analista como "versão moderna de parteira mental", ajudando a psique a nascer e desenvolver-se depois de nascer (Bion, 1992/1978).

Associando esse vértice filosófico ao científico, em consonância com a teoria do Universo em expansão, Bion usou o modelo da cosmologia, que se ocupa da origem e evolução do Universo, em analogia à mente como sistema aberto de representações e ao trabalho de interpretação do analista, aberto aos novos sentidos. Expandiu a relação consciente-inconsciente para finito-infinito, modelo dos terminais abertos, do espaço não finito e a importância da imaginação criadora. Podemos imaginar e pensar o infinito, mas não o conhecemos. Assim o é em relação à *realidade última*, "O", incognoscível, mas pensável. A realidade psíquica é em si mesma realidade última, na medida em que encontramos infinitas maneiras de pensá-la, representá-la, interpretá-la, teorizá-la, ainda que desconhecida.

Figura 12.2 – [Foto], por Greg Rakozy (https://unsplash.com/photos/oMpAz-DN-9I).

"O" será sempre incógnita (mistério). O modelo é o da atitude dos místicos, cujo método para a aproximação é a renúncia da memória, do desejo e da compreensão. O místico São João da Cruz, no poema "A noite escura da alma" (séc. XVI/1984), versejou o estado de "esperança" (ato de fé) que se requer para a união com Deus, a necessidade de se libertar do "entendimento, da memória e da vontade" (p. 327), guiado apenas pela "luz que no coração ardia" (p. 135).

Para os místicos, a verdade em relação a Deus está além de tudo o que se possa dizer sobre Deus; também, a mente está além de tudo que podemos conhecer sobre ela. A mística se dedica às entidades imateriais em modo de existir; assim, como modelo, está mais próxima do objeto psicanalítico: ser é mais do que conhecer, estar em comunhão com o conhecimento, "tornar-se" (Rezende, 1999).

Podemos tomar como modelo para a mente multidimensional a própria trilogia de Bion (1996), *Uma memória do futuro*, personagens em interação dialógica (grupalidade interna) desde a vida pré-natal, com emoções e pensamentos, desde os não nascidos aos mais criativos e sofisticados pensamentos, representando todo o espectro de vida do indivíduo.

É possível agrupar os modelos mencionados em três grupos: científico-filosófico, estético-artístico e místico-religioso, que, como Bion sugere, são vértices para apreensão do mundo psíquico, e como um caleidoscópio, conforme o giramos, podemos observar e pensar os mesmos elementos de diferentes perspectivas.

Referências

Bion, W. R. (1966). O aprender com a experiência. In *Elementos de psicanálise*. Zahar. (Trabalho original publicado em 1962).

Bion, W. R. (1966). *Elementos de psicanálise*. Zahar. (Trabalho original publicado em 1963).

Bion, W. R. (1973). *Atenção e interpretação*. Editora Imago. (Trabalho original publicado em 1970).

Bion, W. R. (1977). Una teoria del pensamiento. In *Volviendo a pensar*. Horme. (Trabalho original publicado em 1962).

Bion, W. R. (1982). *La tabla e La cesura*. Gedisa. (Trabalho original publicado em 1977).

Bion, W. R. (1983). *Transformações*: do aprendizado ao crescimento. Editora Imago. (Trabalho original publicado em 1965).

Bion, W. R. (1992). *Conversando com Bion*. Editora Imago. (Trabalho original publicado em 1978).

Bion, W. R. (1996). *Uma memória do futuro*. Volumes I, II e III. Editora Imago.

Bion, W. R. (2000). *Cogitações*. Editora Imago. (Trabalho original publicado em 1992).

Eigen, M. (2017). *Cabala e psicanálise*. Blucher/ Karnac.

Grotstein, J. (2007). *Um facho de imensa escuridão*. Editora Imago.

Rezende, A. (1999). *Ser e não ser: sob o vértice de O*. Cabral Editora Universitária.

Sandler, P. C. (2021). *A linguagem de Bion*: Um dicionário enciclopédico de conceitos. Blucher.

São João da Cruz (1984). *Obras Completas*. Editora Vozes.

Skelton, R. (1995). O uso de Bion da lógica moderna. *Livro Anual de Psicanálise,* Tomo XI.

13. Turbulência emocional

Maria Bernadete Amêndola Contart de Assis

A abordagem ao tema turbulência emocional será baseada no artigo homônimo de Bion, que faz parte do conjunto de seus últimos escritos (Bion, 1977/2000).

Bion inicia o artigo convidando o leitor a aproximar-se do tema de modo leigo, ou "ingênuo", sem apego a teorias prévias.

Vejam, em suas palavras: "Portanto, possivelmente parecerá iluminador aproximar-se do tópico da conferência segundo a forma que geralmente se apresenta ao indivíduo não submetido a uma cultura médica e trabalhar a partir disto em direção às definições médicas mais familiares." (op. cit. p. 448).

Além disso, Bion termina a introdução ao artigo com a frase: "Ao escolher 'turbulência emocional', incluo sua contrapartida e seu oposto" (idem, p. 448). A contrapartida é toda sorte de defesas contra turbulência. Quietude, imobilidade, morte psíquica. . . E, também, afastamento de verdade, falseamento, ou seja, distorções que evitem áreas de turbulência e mudança catastrófica (Bion, W. R. 1965/2004).

Esses dois movimentos sugeridos por Bion – partir do estado de ingenuidade e considerar a contraparte do conceito – caracterizam um método em sua construção teórica, bem como recomendações em sua técnica psicanalítica. A atenção volta-se para o que é evocado na experiência emocional vivida. Assim, a "recomendação" para uma aproximação ao tema "turbulência emocional" será a evocação de imagens, de sons, de experiências de turbulência, que estão em nosso acervo onírico.

No referido artigo (Bion, 1977/2000), o autor se refere a imagens de turbulência presentes nos numerosos esboços realizados por Leonardo da Vinci.

Vejamos algumas das imagens que encontramos nos desenhos de Da Vinci.

Figura 13.1 – Desenho do vórtice de água *(1510), Leonardo da Vinci. Disponível em: <wikiart.org>.*

Essa imagem alude à turbulência provocada por inundação, por águas revoltas.

Figura 13.2 – Um Dilúvio *(1517), Leonardo da Vinci. Disponível em: <wikiart.org>.*

Esse desenho expõe a turbulência provocada por uma ventania.

Figura 13.3 – A Estrela de Bethlehem *(1506), Leonardo da Vinci. Disponível em: <wikiart.org>.*

Esse desenho associo ao florescimento proveniente de estados de turbulência.

Seguindo as recomendações de Bion, vou me aproximar do tema "turbulência emocional", expondo a evocação que me ocorreu diante dessa nomeação.

Lembrei-me de um pesadelo que tive há poucos dias, quando já estava às voltas com a preparação deste capítulo. Eu estava na areia, diante do mar, observando as ondas. Aos poucos, elas se tornam muito altas e fortes. Sinto-me atraída pela beleza das ondas e fico ali, contemplando. Em determinado momento, forma-se uma onda gigantesca, muito forte, que vem violentamente em direção à praia. Fico apavorada! Corro em direção oposta às águas, procurando desesperadamente minha família. Não encontro ninguém, e minha aflição aumenta. A onda se aproxima, devastadora, e eu acordo!

Quando pensei em relatar esse pesadelo, lembrei-me de que sonhos/pesadelos com grandes ondas são recorrentes para mim. Em análise, tive a oportunidade de pensar que, talvez, eles estejam relacionados a uma experiência do meu nascimento, que, segundo meus familiares, foi um momento bem difícil, em que houve ameaça de morte para mim e para a minha mãe.

Interpretações à parte, vou aproveitar o modelo do nascimento, que considero muito útil para tratar de estados emocionais de turbulência. O nascimento contém elementos que fazem parte da mesma área de ocorrências psíquicas: turbulência, cesura, mudança catastrófica/criativa, capacidade negativa e crescimento mental.

A cesura diz respeito à separação (corte, ruptura) e, ao mesmo tempo, à continuidade. No nascimento, há uma ruptura dramática em relação ao estado anterior e uma continuidade: o feto se torna um recém-nascido; é o mesmo e é outro!

Quantas infinitas vezes vivemos esses movimentos de passagens? Em termos mais visíveis, podemos identificar passagens relevantes no desmame, do engatinhar para o andar, da infância para a adolescência, no casamento, na maternidade/paternidade etc. Esses são momentos de passagens, tão intensos e significativos que criam um "antes" e um "depois". A travessia de um estado a outro contém obscuridade, desconhecimento, medo. Assemelha-se à navegação no escuro, sob tempestade e em águas revoltas. Assim como no nascimento, o resultado pode ser criatividade e grandes descobrimentos.

Em termos menos visíveis, a cesura está presente na fronteira entre: consciente e inconsciente; corpo e mente; estados de sono e vigília; essência e aparência; arte e ciência; nos momentos de decisão. Sobre esse último, Bion escreve:

> *Os problemas de decisão são reativados como turbulências emocionais, como uma causa dela, ou um precipitado dela. Nas ocasiões em que a turbulência é suficientemente grande, a decisão é dramática – como no nascimento, morte, adolescência ou na irrupção da senilidade. (1977/2000, p. 449)*

A decisão requer uma escolha, e para a escolha é necessário que haja tolerância ao tumulto emocional. Por exemplo, a escolha do que falar em uma sessão requer a cesura em relação à situação total. Quanto ficará "de fora", não colhido, não significado? João Carlos Braga (comunicação pessoal) costuma usar uma imagem de que gosto muito: a interpretação é como uma pescaria, em que há infinitos peixes na água, mas só pescamos alguns, a depender de nossa rede.

Nesse contexto, Bion nos chama atenção para o fato de que uma interpretação pode "fechar" o campo a ponto de se ter a ilusão de que a luz afastou o obscuro. O problema em aberto se torna uma solução fechada. "Mas não existe uma solução final, de uma vez por todas, cada solução abre um novo universo" (idem, p. 451).

Aliás, segundo ele, a melhor resposta é a que abre uma outra questão. É uma arte – que cabe ao psicanalista – fornecer formulações aos pacientes, que mantenham a investigação em aberto, que instiguem novas perguntas.

Nesse ponto do artigo, Bion coloca um subtítulo muito instigante. "Ignorância: fonte de conhecimento."

Observem aqui o que eu disse no início sobre o método de Bion; há uma conjunção de termos opostos: ignorância e conhecimento, apontando não para a oposição, mas para a convivência entre ambos.

Bion vai relatar duas anedotas publicadas na revista *Punch*, um periódico humorístico de Londres.

A primeira é a de um menino que observa cotovias voando e emitindo sons, e diz que são pardais fazendo barulho porque não sabem se descem ou se sobem.

Bion chama a atenção para o fato de que o menino constrói uma "teoria", buscando uma explicação para a algazarra das cotovias. Nem são pardais nem estão fazendo barulho porque não sabem se descem ou se sobem, mas a explicação cumpre a função de preencher o vazio do desconhecimento. Quanto fazemos isso em nossos consultórios ou em nossas vidas cotidianas?

A segunda anedota é a de um menino que, vendo uma vaca, pergunta: "O que é isso, papai?". A resposta: "Uma vaca". "E por que isso é uma vaca?" Resposta: "Porque a mãe e o pai dela eram vacas". "E por que eles eram vacas, papai?"

Diz Bion:

> *Estas três questõezinhas simples, perguntadas em sequência, levam a pessoa diretamente ao âmago da complexidade que inclui problemas ainda não resolvidos. Isto é verdadeiro não apenas em relação às questões, mas também em relação às respostas: como todas as boas respostas, elas estimulam ainda mais questões. Qualquer boa resolução de um problema faz com que o assunto iluminado revele questões e problemas subsequentes. (idem, p. 452)*

Notem como Bion chama a atenção para a sustentação da turbulência.

Meg Harry Williams (2021), em recente palestra na SBPRP, disse que Bion recomendava constantemente: "Preste atenção à turbulência!".

Essa recomendação tem profundo valor clínico. Na função analítica, cabe ao analista identificar a área de turbulência e sustentar-se nela (o que Bion chama de capacidade negativa), até que emerjam nomeações, significados e símbolos que possam acolher (continência) a turbulência.

Meg Harry Williams nos fala que há duas escolhas diante da turbulência: ou a matamos ou a deciframos. Matar significa evadir-se da turbulência, transformando movimento em imobilidade, tumulto em quietude, vida em morte. Lembro-me do filme *Soul*, em que, no mundo dos mortos, existem as almas dos que já morreram fisicamente e também as almas perdidas, que são aquelas dos homens que continuam vivos fisicamente, mas estão mortas. São os autômatos, os zumbis, mortos vivos ou vivos mortos. Com quantas almas perdidas nos deparamos em nossa clínica? Em quantos momentos da vida nos encontramos com a morte da alma dentro de nós?

A possibilidade de decifrar a turbulência está associada à criação de símbolos que a contenham, que promovam crescimento mental, enriquecimento do acervo onírico e da condição de continuarmos vivos, em "com-tato" com as experiências que a vida nos apresenta para serem vividas. Decifrar aqui é produzir símbolos correspondentes à experiência vivida, sem recorrer apressadamente a ditames já conhecidos.

O risco presente no "decifrar" é a precocidade ou o "tapa-buraco", como modo de evasão à turbulência. Vejam que frase interessante de Bion: "Qualquer pessoa que relembrar ao animal humano o quão pouco ele sabe será um candidato à impopularidade" (Bion, 1977/2000, p. 454).

Lembro-me do nosso sistema escolar carregado, ou melhor, sobrecarregado de questões que têm respostas e, com isso, repleto de certo e errado. Na minha época de ensino fundamental e ensino médio, havia uma caneta vermelha usada pelo professor, que colocava um enorme "E" sobre o erro e um enorme "C" sobre o acerto (não sei se isso ainda vigora; receio que sim). O que se aprende em um sistema assim constituído é que há sempre uma resposta certa para uma pergunta. Quando é que nos ensinam a perguntar? Quando exercitamos o não saber como um valor? Quando aprendemos a contemplar e criar indagações a partir do que vemos, como fazem as crianças? Aprendemos tanto a dar respostas que nos envergonhamos se não as sabemos. Nosso sistema escolar exercita predominantemente, se não exclusivamente, o responder. Nosso sistema escolar nos ensina a evadirmos da turbulência buscando respostas e, assim, alia-se mais aos processos de morte, gerando estados de aborrecimento, do que aos processos de vida, que geram gosto e desejo pelo conhecimento/desenvolvimento.

José Ghirardi (2021), em palestra na SBPRP, no evento Matrizes Literárias da Obra de Bion, disse que as regras sociais nos "pioram" porque impedem que tenhamos contato com o inefável em nós. "O ser humano é mistério e poesia", disse ele. Educar está mais associado a vigiar, disciplinar e punir do que a levar-nos ao encontro da nossa condição intrinsecamente humana de sonhar.

Resultado: haja "des-aprendizagem" (como diz Fernando Pessoa) para retomar a ingenuidade e a condição de perguntar.

O que nós vemos das coisas são as coisas.
Por que veríamos nós uma coisa se houvesse outra?
Por que é que ver e ouvir seria iludirmo-nos
Se ver e ouvir são ver e ouvir?

O essencial é saber ver,
Saber ver sem estar a pensar,
Saber ver quando se vê,
E nem pensar quando se vê,
Nem ver quando se pensa.

Mas isso (tristes de nós que trazemos a alma vestida!),
Isso exige um estudo profundo,
Uma aprendizagem de desaprender
E uma sequestração na liberdade daquele convento
De que os poetas dizem que as estrelas são as freiras eternas
E as flores as penitentes convictas de um só dia,
Mas onde afinal as estrelas não são senão estrelas

Nem as flores senão flores,
Sendo por isso que lhes chamamos estrelas e flores.

(Poema XXIV, O guardador de Rebanhos, 13-3-1914)

Ainda sobre a cesura e sua relação com turbulência, Bion nos lembra que ela pode ser criada a partir de características culturais, favorecendo certos pensamentos e desfavorecendo outros. Trata-se, então, de atravessar cesuras, como grandes gênios das artes e das ciências o fizeram. Segundo o autor, esses gênios das artes e das ciências foram pessoas "articuladas que ouviram o inarticulado" (Bion, 1977/2000, p. 456).

Rimbaud foi uma das primeiras pessoas articuladas que ouviram o inarticulado; Baudelaire, Shakespeare e Homero formularam os estados de mente que ainda não existiam em sua época – os nossos. Tais pessoas descobrem algum método por meio do qual aquilo que elas têm a dizer fica disponível para as pessoas a quem elas desejam dizer (op. cit., p. 456).

Bion estende esta ideia de atravessar cesuras, penetrar a turbulência, para os chamados "psicóticos". Em *Domesticando pensamentos selvagens*, Bion (1997/2017) nos instiga a ouvirmos as "notícias" que os psicóticos nos dão da dimensão psíquica em que estão imersos. Também em *Quatro conversas com W. R. Bion* (1978/2020), ele diz aos residentes de psiquiatria com quem conversava: "Esta pessoa está alucinada, delirando. Só que isso pode ser a sobrevivência de alguma capacidade de ouvir e ver coisas que o adulto encara como insano ou neurótico" (p. 64). Observem a abertura: o psicótico não é alguém sem capacidade, mas, ao contrário, com capacidade para viver em estados mentais que sobreviveram aos processos de crescimento e desenvolvimento.

Atravessar cesuras é entrar em áreas de turbulência. No momento da travessia, a vulnerabilidade se apresenta. No artigo "Cesura" (1977/1981), Bion diz:

> *Poderíamos considerar os artistas, cientistas, descobridores, como aqueles que ousaram nutrir estes pensamentos e ideias transitivas. É no período de transição, no período de mudança de uma posição para outra, que estas pessoas parecem ser mais vulneráveis – por exemplo, durante a adolescência ou latência. (op. cit., p. 134.)*

Meg Harry Williams (2010/2018), em seu livro *O desenvolvimento estético: o espírito poético da psicanálise – Ensaios sobre Bion, Meltzer e Keats*, escreve: "É apenas na cesura, ou fronteira, entre mundos, vértices, estados de mente, acordar e dormir, existência pré e pós-natal, que surgem tais questões. 'No repouso da morte, quais sonhos podem aparecer?' (Hamlet)" (op. cit. p. 97).

Atravessar cesuras requer iniciativa, cujo binômio é inibição. A iniciativa para nascer ou promover o nascimento enfrenta o movimento contrário, que é inibição do movimento, por receio de provocar mudança catastrófica ou adentrar em áreas de turbulência. Em *Quatro conversas com W. R. Bion* (1978/2020), o autor diz que o bebê a termo pode ter tanto medo de provocar um evento catastrófico que inibe qualquer iniciativa para nascer. É bom estarmos atentos a esses movimentos de avanços e recuos na nossa função analítica: de promover o nascer ou assassinar o bebê/pensamento. Meg Harry Williams (2021) também nos disse que os embriões/pensamentos por nascer podem ser assassinados no útero.

Em Édipo, vemos durante toda a trama movimentos de iniciativa em busca da verdade alternando-se com movimentos de inibições. Os diálogos entre Édipo e Tirésias, engendrados por Sófocles, podem ser lidos como a alternância entre busca pela verdade e barreiras contra a turbulência provocada pela eclosão da verdade.

Na clínica, analista e analisando vivem a turbulência do encontro e, quando as musas inspiradoras se apresentam, podem "fazer bom proveito de um mau negócio".

No início do artigo "Como tornar proveitoso um mau negócio", Bion (1979/2000) afirma:

> *Quando dois caracteres ou personalidades se encontram, cria-se uma tempestade emocional. [. . .]. Mas, já que eles se encontraram e desde que esta tempestade emocional ocorreu, as duas partes devem decidir: Como tornar proveitoso um Mau Negócio. É o que significa em análise. (p. 492)*

A disposição para viver turbulências é prerrogativa para o analista exercer sua função na sala de análise.

Referências

Bion, W. R. (2004). *Transformações*: do aprendizado ao crescimento. Tradução Paulo César Sandler. Editora Imago. (Trabalho original publicado em 1965).

Bion, W. R. (2000, dezembro). Turbulência emocional. *Revista de Psicanálise*, publicação da Sociedade Psicanalítica de Porto Alegre, *III*(3), 447-457. (Trabalho original publicado em 1977).

Bion, W. R. (2000). Cesura. *Revista Brasileira de Psicanálise, 15*, 123-136. (Trabalho original publicado em 1977).

Bion, W. R. (2000). Como tornar proveitoso um mau negócio. *Revista de Psicanálise*, publicação da Sociedade Psicanalítica de Porto Alegre, *VII*(3), 491-501. (Trabalho original publicado em 1979).

Bion, W. R. (2017) *Domesticando pensamentos selvagens*. Trad. Luiz Carlos Uchôa Junqueira Filho. Blucher. (Trabalho original publicado em 1997).

Bion, W. R. (2020). *Quatro conversas com W. R. Bion*. Trad. Paulo César Sandler. Blucher, 2020. (Trabalho original publicado em 2014).

Ghirardi, J. (2021). Palestra proferida na Sociedade Brasileira de Psicanálise de Ribeirão Preto, em 5 de junho de 2021, no evento Matrizes Literárias da Obra de W. R. Bion.

Pessoa, F. (2016). O guardador de rebanhos, parte XXIV. In Berardinelli, C. (2016). *Fernando Pessoa: antologia poética*. Bazar do Tempo. (Trabalho original publicado em 1925).

Williams, M. H. (2018). *O desenvolvimento estético*: o espírito poético da psicanálise – ensaios sobre Bion, Meltzer e Keats. Trad. Nina Lírio Cecilio. Blucher, Karnac. (Trabalho original publicado em 2010).

Williams, M. H. (2021). Palestra proferida na Sociedade Brasileira de Psicanálise de Ribeirão Preto, em 26 de junho de 2021, no evento Psicanálise e Experiência Estética "A beleza pode ajudar?".

14. Cesura

Miguel Marques

Vou apresentar a vocês um flash onírico: estava em uma casa que, ao mesmo tempo, era minha casa e também na qual me sentia um hóspede. Um amigo, que não discrimino entre vários de quem seria aquela face, estava comigo ali sentado e olhando alguns papéis. Ele estava se despedindo e aguardando um táxi, mas, no sonho, eu me sentia na casa dele, que também me parecia a casa de tantos amigos que já me hospedaram, e não era nenhuma delas. Ao mesmo tempo, alcanço que estávamos de passagem compartilhando provisoriamente aquele espaço.

Esses vários estados mentais aos quais me referi apontam para diferentes direções, conjugações e entrelaçamentos possíveis de desdobrarem-se a partir dessa cena onírica. A provisoriedade de um momento, do qual seremos desalojados, assusta-nos e promove turbulências que quebram essa noção da "minha casa".

Em nossas vidas, lidamos com movimentos fluentes, com passagens constantes entre estados mentais que fazem parte de uma complexidade, que em psicanálise conjugamos pelo nome "personalidade". Nós, psicanalistas, vemos certas coisas que outras pessoas não podem ver, ainda que talvez seja possível para os que buscam uma análise. Esse mundo é o mundo da experiência emocional. Nele, emoções, como tristeza, contentamento, amor, sexo, solidão, estar enamorado, são fatos tão tangíveis como uma mesa ou a chuva. Esses fatos, muitas vezes, são tão sutis e evanescentes que resultam ser virtualmente invisíveis, mas sabemos que são tão reais que podem chegar a destruir-nos se permanecemos passivos diante deles.

Figura 14.1 – [Foto], por Joshua Rawson Harris (https://unsplash.com).

Ciência é muito útil para nós. O que é científico restringe-se à compreensão do ser humano, como disse Heisenberg (1998, p. 85): "Os conceitos científicos existentes cobrem apenas uma pequena parte da realidade, e a outra parte que ainda não pode ser compreendida é infinita. Temos que nos lembrar que o que observamos não é a natureza, mas sim a natureza exposta aos nossos métodos de investigação".

Na dimensão psíquica, assumimos que o Universo é formado de maneira a impor nossa capacidade para pensar. As investigações sobre a realidade psíquica e a expansão dos limites de suas fronteiras nos colocam na mesma situação de uma criança que precisa aprender a falar e pensar simultaneamente. Ela não consegue falar, pois seus pensamentos lhe são estranhos; e não pode pensar, pois lhe faltam conceitos a partir dos quais seus pensamentos possam se ordenar.

O fluxo de emoções que nos perpassa impõe infinitas possibilidades de experiências, que, colhidas temporariamente no instante do "tornar-se", abrem portais de nascimentos e de mortes. Existem certos limites para lidar com essas experiências que determinam várias possibilidades de desdobramentos, além dos quais a pessoa é jovem demais; ou é senil demais, ou excessivamente retardado; ou excessivamente precoce.

Nosso existir é como uma onda; reconhecemo-nos nas turbulências das passagens, e cada momento é para o outro o que o casulo é para a borboleta.

Esse movimento é tão intenso que o registramos como ondas em um mar de possibilidades que podem alcançar e conectar-nos com o sonhar humano e com a pessoa que podemos vir a ser temporariamente.

Esse instante de consciência simultaneamente nos localiza como um ponto em meio a um pontilhado; somos tanto o que distingue o ponto quanto o ponto. Esse *looping* é o círculo da criação, a serpente simbólica disposta em círculo, engolindo a própria cauda, o uróboro que gira indefinidamente sobre si mesmo, gerando uma cadeia sem fim de renascimentos e mortes. Nesse contexto, afastamo-nos da linearidade causal e ficamos expostos a essa circularidade criativa e disruptiva.

Dentro da proposta de Bion, a nova ideia está sempre no horizonte da nossa existência e é assustadora. Ela causa a premonição de ansiedades catastróficas e é experimentada como um novo bebê, que pode aparecer como monstruoso à complacência estabelecida da personalidade.

Para apreender movimentos tão intensos e que, ao mesmo tempo, podem ser tão sutis, cultivamos vulnerabilidades e tolerância para perceber esses tumultos mentais e para nos dispormos a um espectro de possibilidades que envolverá questões de decisão e inibição, escolha e acaso, que, por sua vez, vão nos envolver com novas desordens e novas escolhas e decisões que se desdobram desde a nossa primeira grande cesura, o nascimento, até a nossa supostamente última cesura, a morte.

Figura 14.2 – [Foto], por Dan Meyers (https://unsplash.com).

Essa situação propõe uma atitude diante da vida, uma vez que a verdade não pode nunca ser alcançada ou possuída e nunca é estática. Vislumbres de aspectos sobre a verdade ocorrem fugidiamente, de forma a tornarem-se experiências fugazes. Isso implica a habilidade de viver o presente, trazendo constantemente experiências do passado ao presente, ligando-as com a percepção do presente. O *self* amplia-se na experiência e na habilidade de expressar-se, movido pelo seu desejo inato de conhecer a verdade sobre si mesmo.

Por *self*, o si mesmo, quero dizer a pessoa total, corpo e mente, com sua história inteira, pré e pós-natal.

A percepção dos modos de expressão do *self* torna-se extremamente aguçada a partir dessa conjectura imaginativa sobre a relação entre esses dois *selves*, pré e pós-natal, dentro do mesmo corpo. Aquilo que ainda não nasceu em um embate constante com o já nascido, a pessoa que eu acredito ser em confronto com a pessoa que eu estou sendo; o conhecido x desconhecido.

O pensamento de Bion a respeito dessa realidade permanece como uma conjectura imaginativa, apesar de que as evidências desses estados podem ser encadeadas ao longo da nossa vida e do processo analítico. Tal conjectura considera que a atividade humana se apoia em sua infância infinita.

A impressionante jornada do nascimento nos deixa como legado a separação do modo pré-natal de pensar e ser, embora absolutamente não se possa dizer dessa forma a partir da perspectiva pós-natal. Algumas vezes, é possível imaginar, a partir do que confrontamos, que um tipo de transporte acontece entre esses mundos, as pressões sobre as fossas óticas do feto tornam-se visão e uma impressão sensorial no mundo pós-natal? Até que ponto podemos dizer que o senso da visão acontece antes de o bebê ver coisas? Bion enfatiza essa separação como um diafragma que se estabelece entre a vida pré-natal e a pós-natal.

O que acontece quando o bebê nasce? Quem inicia isso? Ele pode experimentar o nascimento como uma expulsão do útero materno? Subsequentemente, pode ser forçado a deixar várias formas de pensamentos para encontrar uma nova ideia brilhante. Nesse processo, você pode olhar para trás e perceber as ideias que você já usou e desaprová-las, deixando de ter respeito pelo que você já conheceu e acreditou por sua própria mente quando seu comportamento saía fora das regras estabelecidas, as regras que um adulto que você aprendeu a respeitar estabeleceu. Podemos ansiar por encontrar alguma doutrina que nos reintroduza em uma concha dentro da qual nos sentimos seguros o suficiente para não vivermos mais a ameaça de um colapso ou de ter de atravessá-la.

Qualquer pessoa que relembrar ao animal humano o quão pouco ele sabe será um candidato à impopularidade. Os seres humanos clamam por algum tipo de afirmação professoral que, a um só tempo, tome lugar da ignorância e exercite curiosidade; dessa forma, eles esperam frear os desagradáveis sentimentos de ignorância e a repetição das questões. As questões repetidas podem ser até aquilo que é conhecido como compulsão à repetição. Todavia, a compulsão à repetição pode ser, na verdade, uma centelha da curiosidade humana que, até então, não conseguiu ser extinta por nenhuma afirmação professoral, de fonte alguma.

O desenvolvimento da capacidade para o pensar criativo, o qual pode aparelhar a paixão humana a serviço do desenvolvimento e da sabedoria, aparece para nós como uma corrida contra o tempo. O acesso ao próprio pensamento intuitivo depende dos efeitos desse campo germinal que se expressa a partir de nossa imaturidade, precariedades e vazio, e somente com muito investimento e trabalho pode começar a ser sentido e tolerado na vida de uma pessoa.

Odiamos acolher ou desenvolver uma nova ideia, porque é inevitável, se pudermos tolerá-la, descobrirmos que estávamos equivocados, e isso não é uma coisa agradável de se descobrir. Sentimos que, se nossas próprias ideias mudam, isso pode nos confrontar com problemas que acreditávamos ter resolvido e que são reabertos. Nesse sentido, transitarmos da idealização para uma realização pode causar muita confusão. Podemos ter uma série de ideias a respeito de fatos que parecem óbvios, mas não são observados; uma pessoa pode ter soterrado a sua capacidade de sentir medo sob camadas de bom senso e crenças dogmáticas que o impedem de experimentar sua ansiedade. Ela diz que está aterrorizada, mas não tem a mínima ideia do porquê de estar assim.

De certa forma, todos nós, a cada momento, podemos tanto atravessar para um próximo estado mental, uma outra configuração do nosso *self*, como permanecer ou até mesmo sucumbir sob o peso de um "exoesqueleto de miséria". E essas rupturas podem ser experimentadas como uma invasão, *break in*, ou um movimento que pode ser experimentado como retirado à força de um confinamento, *break out*.

Bion extraiu da sua experiência de vida pessoal e das guerras das quais participou essas diferentes direções da ruptura, da quebra desse exoesqueleto diante das turbulências promovidas pelas mudanças catastróficas a que se viu exposto desde a sua infância.

Desde sua experiência de ser enviado para ser educado na Inglaterra e de ser separado da sua mãe e da sua amada babá, Aya, aos 7 anos de idade, tendo encontrado Mrs. Hamilton, a mãe amorosa de seus colegas e que tinha uma gargalhada maravilhosa, permitindo que realizasse um *breaking through*, isto é, atravessasse seu exoesqueleto de miséria. Em uma experiência de guerra na qual seu batalhão estava acuado em uma área, entre o mar e o exército inimigo, e a ordem era permanecer, em seus termos *breaking up* – ou seja, sustentar a posição, mesmo que isso resultasse em sua morte –, permitindo observar essa condição emocional diante do desconhecido, fincar pé em sua posição e não admitir mudanças. Simultaneamente, considera a ameaça de um colapso depressivo, *breaking down*, que sempre está ao nosso lado nessas situações de mudanças dramáticas.

A partir dessas propostas, podemos investigar a cesura, as direções em que a nossa armadura pode ser trincada pela turbulência de um momento desconhecido, impondo-nos uma ansiedade e uma mudança que são experimentadas como catastróficas: *breaking through, breaking up, breaking down.*

Esse é o título de um texto que ele nunca escreveu ou publicou, mas que foi a sua palestra para uma instituição em Los Angeles, que foi gravada e posteriormente publicada; Bion não trabalhou essas ideias em um texto publicável. Segundo seu editor, ele não havia ainda publicado porque eram reflexões que ainda estavam sendo elaboradas, pois eram muito próximas, e ele, a todo momento, retornava ao risco de atravessar sua própria ansiedade traumática e a dor da sua infância. Seus últimos apontamentos contêm elementos existenciais profundos sobre a fratura em várias direções, indicando possibilidades de injúria, mas também de mudanças e crescimento.

Hoje em dia, todo jornal e todas as notícias mostram sinais de turbulências; elas existem em áreas que até então eram encaradas como civilizadas. Caso se demonstre a turbulência, é provável que a resposta seja: "E daí? Todo mundo sabe disso". Isso é um exemplo da cesura: é difícil penetrar naquilo que "todo mundo sabe" e sugerir que pode haver algo que ainda não emergiu a partir da turbulência, da mesma forma que pode haver algo – não sabemos o quê – que conduziu à turbulência. Será que deveríamos, então, inibir a turbulência? Ou deveríamos investigá-la?

Universidade e "sociedades cultas" consideram que é um ato de sabedoria investigar, exercer a curiosidade na turbulência observada (o problema) e na teoria que se acredita ser satisfatória como explicação do problema. Uma questão em aberto é se alguém vai querer ouvir o que eles podem ouvir graças aos incrementos nas forças do entendimento. Nas pessoas, ocorre a combinação da sabedoria da cultura com a onipotência semelhante a deus, o que nos provê de dois métodos para lidarmos com uma descoberta recém-nascida: enterrá-la ou idealizá-la. A fuga do autoconhecimento é fácil e pode ser extremamente violenta, por meio do autoassassínio.

Bion, quando questionado a respeito de exemplos clínicos, propõe como exemplo clínico a sessão que você vai ter amanhã com seu paciente, isto é, a sessão que ainda não aconteceu, oferecendo um início razoável, justo e desconhecido para todos nós. Acompanhá-lo implica alcançar o nível de ignorância mais profundo que cada um de nós possa atingir, aquém de tudo aquilo que aprendemos e realizamos na vida até este momento. A sua simples questão sobre "Quando você nasceu?", seguida do acréscimo "Não quero saber sobre a data do seu nascimento, mas, sim, de quando você percebeu a luz pela primeira vez, ou foi perturbado por um som", apresenta-nos para "um facho de intensa escuridão" lançado sobre o que nos parece tão evidente.

Bion sugere que frequentemente há insuficiente ignorância na sessão, em vez de insuficiente conhecimento do paciente. Ele utiliza uma analogia do nosso retorno à "concha" ou ao casulo, apresentando-nos ao que é frágil e quebrável na vida, pondo-nos em contato não somente com os nossos medos, mas também com a ansiedade de não termos um *self* inteiramente confiável.

Nossos pensamentos, uma vez alcançados, funcionam como ponte para um próximo momento, mas rapidamente se calcificam e tornam-se uma peça endurecida nesse exoesqueleto, determinando cesuras intransponíveis. Como ele aponta em seu texto: "Muitas pessoas se salvam pelo infortúnio que as transformam em ruínas triunfantes".

Figura 14.3 – [Foto], por Elina Araja (pexels.com).

Bion propõe como modelo de uma situação desconhecida a de se encontrar uma pessoa pela primeira vez. Nossa experiência de vida, nosso conhecimento acumulado ao longo dos anos, tudo o que aprendemos e ensinamos, e nosso pensamento a respeito do que vai acontecer são como camadas de estados mentais sobrepostas, um tipo de tela entre mim e a experiência, ou uma pessoa que nos confronta com o seu imediatismo.

Essa tela produz uma preconcepção particular a respeito do que esperamos encontrar e uma expectativa sobre o que vamos ouvir, e em algum momento vamos ter de fazer uma escolha, pois essa tela delineia uma área de investigação, mas exclui qualquer outra perspectiva fora dessa área. Isso implica em termos que, de certa forma, escolher o que pode se tornar consciente e o que não alcançará a consciência; na prática, implica com o que você vai tratar, o que envolve inibição. É importante termos algum tipo de preconcepção, mas temos de ser capazes de descartá-la e encontrar algum método de colocar em causa a inibição, particularmente se ela se tornar rígida ou fixa.

Mesmo uma criança pequena forma ideias, esse não é o problema, mas, em algum momento e temporariamente, esse senso de certeza no trânsito entre ideias possibilitar que a pessoa seja capaz de obter um tipo de mobilidade mental. No entanto, o problema pode acontecer quando sentimos que possuímos um "fato". Mesmo quando temos uma ideia de que realmente conseguimos "ver" alguma coisa que encaramos como um fato, podemos ficar atolados em uma ideia. Então, isso pode ser usado como um tipo de preconcepção que eventualmente se torna algo fixo.

Todo ser humano foi apresentado e informado sobre sexo, uma vez ou outra, desde a infância. A dificuldade surge para o nosso pensamento quando falamos de mente ou personalidade, e se, na mente ou na personalidade, existe um desenvolvimento sexual análogo ao desenvolvimento físico. Maturidade sexual é um termo significativo quando falamos sobre anatomia e fisiologia. Bion aponta que esse não é um termo significativo quando falamos de tipos de personalidade. Não sabemos o que é isso mentalmente.

Historicamente, foi necessário um longo tempo para se ligar mente ou personalidade ao cérebro, e um longo tempo para associar com pensamento.

Bion queria diminuir a distância entre o compreender sobre psicanálise e o ser analisado e a correspondente brecha entre o conhecer sobre o *self* e sendo real.

Por outro lado, o que Bion propõe como conjecturas imaginativas nos leva a observações e gera comunicações que se tornarão objeto de investigação psicanalítica e, no devido tempo, podem tornar-se realizações e se apresentarem como fatos.

Perceber que o outro não é uma coisa em si mesmo, mas, sim, outra pessoa semelhante a si mesmo pode nos apresentar níveis de turbulências insuportáveis

Esse é o impacto da *Memória do futuro*, a qual delineia a mente complexa em ação, dialogando a partir dos múltiplos vértices dentro do espectro dos anos vividos – do feto no útero até os 77 anos (quando Bion completou o terceiro volume, *A aurora do esquecimento*). Ele nos apresenta a existência vivamente dramática da sua história interna: divertida, argumentativa, profunda, confusa, sempre inesperada, algumas vezes ofuscante, obviamente verdadeira.

A partir desse seu último livro, *A aurora do esquecimento*, ele nos propõe que devemos nos tornar mais capazes de discriminar: "Não há muitas opções – não há substituto para o crescimento da sabedoria. Sabedoria ou esquecimento, faça a sua escolha!". Essa é a forma como Bion vê a análise em nosso consultório: não como um refúgio, mas uma preparação para a vida real; um modo fecundo e sábio de viver no mundo.

Referências

Bion, W. R. (2018). *Three Papers of W. R. Bion*. Edited by Chris Mawson, first published by Routledge.

Heisenberg, W. (1998). "Física e Filosofia". Trad. de Jorge Leal Ferreira. Brasília: Editora Universidade de Brasília, 4ª edição – Edições Humanidades.

15. A mente primordial e o psiquismo fetal

Sônia Maria Mendes Eleutério Mestriner

Mércia Maranhão Fagundes

Fernanda Sivaldi Roberti Passalacqua

Introdução

Sonia Maria Mendes Eleutério Mestriner

Inicio citando Freud, em *Inibições, sintomas e ansiedade* (1926 [1925]/1976), p. 162): "Há muito mais continuidade entre a vida intrauterina e a primeira infância do que a impressionante cesura do ato do nascimento nos teria feito acreditar".

A partir dessa colocação de Freud, Bion faz conjecturas imaginativas no seu trabalho *Caesura* (1977). O feto teria algo como uma mente? O embriologista faz referência, no campo da audição e da ótica, a indícios embrionários como as fossas ópticas e auditivas. "Há alguma parte da mente humana que ainda traz sinais de uma intuição 'embriológica', seja visual ou auditiva?" (Bion, 1977, p. 44, tradução livre).

> *[...] um plasma germinativo é potencialmente perceptivo, tendo derivado destes pais supostamente perceptivos;*

> *posso então imaginar que mesmo no útero esta criança se torna consciente de certas "coisas" que são "não-ele" [...]. É possível que o feto esteja consciente de uma "visão" primordial, da luz, e pode ser que desgoste destas experiências que lhe são impingidas, sensações que parecem provir do espaço exterior – sensações de luz, sensação de barulho – e também de algum lugar que possa parecer interno – o batimento cardíaco, o sangue correndo pelas artérias. Isso poderia ser tão intolerável que o feto poderia – usando nossa terminologia consciente – se esquecer disso, se livrar disso, não ter nada a ver com isso [...]. Suspeito que a experiência do nascimento seja muito severa; o que as pessoas fizeram quando eram embriões ou fetos não está mais disponível ao conhecimento. (Bion, 1992, pp. 98-99)*

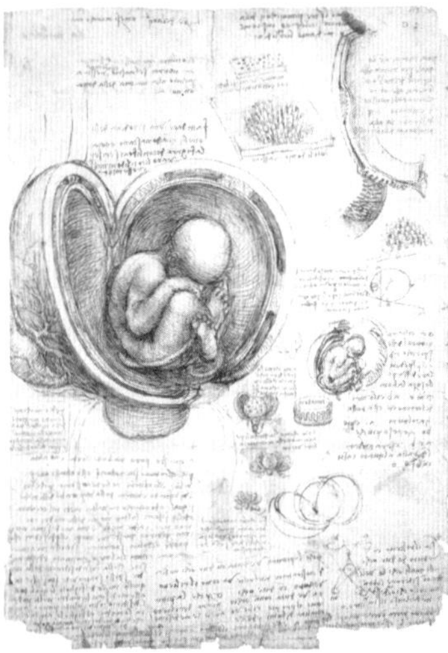

Figura 15.1 – Estudo do feto no útero, feito por Leonardo da Vinci, por volta de 1511. Disponível em: <https://www.wikiart.org/en/leonardo-da-vinci/>. Acesso em 20/03/2022.

Bion (1977, pp. 44-45) refere-se à ocorrência de fatos na situação de consultório, como sentimentos (inveja, amor, ódio, sexo) intensos e informes, ou também às menções discretas e rápidas do paciente de ansiedade, medo, sintoma ou medo de um futuro que parece com características do passado, como expressões disfarçadas de intensos sentimentos temidos. O que podemos ver como adultos pode cegar-nos para situações não claramente visíveis aos nossos olhos. Bion (1992, p. 89) escreve: "Chamo a atenção para a existência daquilo cuja aparência é de ideias e pensamentos primordiais que jamais foram conscientes".

Com o conceito de cesura, termo inicialmente utilizado por Freud (1926 [1925]/1976) na mencionada obra, Bion ilumina questões referentes à continuidade da vida pré-natal e pós-natal. A cesura é algo como uma passagem, que contém um paradoxo: ao mesmo tempo une e desune. Os fenômenos que têm origem no pré-natal podem ultrapassar essa fronteira e deixar vestígios que podem ser apreendidos pelo sistema consciente/inconsciente? Do mesmo modo, como penetrar essa cesura pelo caminho inverso, para se alcançar uma comunicação com esses estados de mente que não se constituem em pensamentos e ideias? Em uma passagem, considerar o trânsito é importante: as situações ocorrem no presente, em contínuas mudanças, e o analista, com condições intuitivas de apreender as sutilezas, de exercer a função continente e com sua própria experiência de vida, poderá chegar a uma apreensão e formulação dos vestígios de estados mentais primordiais que está vivenciando na relação. Também o paciente, no decorrer do trabalho analítico, vai encontrando condições de formulá-los.

Bion (1977, pp. 48-49) sugere uma cebola, que se apresenta em várias camadas, como modelo do desenvolvimento da personalidade, de uma mente. Esse modelo pode ilustrar as cesuras e os movimentos que ocorrem na passagem de um estado mental a outro, do inacessível (no sentido do pré-natal, somático, de uma vida mental) ao consciente/inconsciente (passível de ser comunicado) ou o inverso, e que ocorrem ao encontrar obstáculos no percurso do desenvolvimento. Essas passagens de um estado mental ao outro muitas vezes envolvem turbulências. O analista, com condições psíquicas, pode entrar em contato, no presente, com sentimentos, vestígios de estado mental arcaico e que não puderam ainda ser verbalizados. "Os 'sentimentos talâmicos' (decorrentes de um cérebro talâmico, simpático e parassimpático) imaginados por Bion dependem de ideias fugazes, em trânsito entre a intuição e o conceito [...]" (Bléandonu, 1993, p. 227). Ao contrário, as dificuldades de o analista ou o paciente exercerem a suas funções podem interferir na simultaneidade e no trânsito entre os diferentes estados mentais, observando-se excessiva rigidez ou excessiva permeabilidade nessas passagens.

Com o conceito de cesura, Bion supõe uma continuidade entre os estados pré-natais e pós-natais. Vestígios de uma vida embrionária surgem na mente após o nascimento biológico.

> Não vejo razão para duvidar que o feto a termo tenha uma personalidade. Parece-me gratuito e sem sentido supor que o fato físico do nascimento seja algo que cria uma personalidade que antes não existia. É muito razoável supor que esse feto ou mesmo o embrião tenham uma mente que algum dia possa ser descrita como muito inteligente (Bion, 1992, p. 91).

Piontelli (1995), por meio de observações de fetos (singulares e pares de gêmeos) com ultrassonografia, observação desses bebês pelo método E. Bick e análise de crianças pequenas, mostrou que há uma continuidade de comportamento e psicológica antes e depois do nascimento digna de nota; que cada feto e recém-nascido evidencia suas individualidades, e que o ambiente interage com a natureza desde intraútero. Cita como exemplo Marisa e Beatriz, gêmeas, que batiam no ventre uma da outra quando na barriga da mãe e continuaram com esse comportamento após nascerem e seus desenvolvimentos o terem permitido. Essa pesquisadora também se refere a um menino (Jacob) com 18 meses de idade que foi por ela atendido em poucas sessões de psicoterapia, por apresentar constante agitação e falta de sono, e que a motivou a empreender a sua pesquisa relatada em seu livro. Durante a primeira consulta com os pais, Jacob movia-se agitadamente na sala, como se estivesse procurando algo que parecia que nunca iria encontrar, e ocasionalmente sacudia objetos como se quisesse ressuscitá-los. Os pais comentaram que cada passo do desenvolvimento da criança era acompanhado de intensa angústia e dor, como se ela estivesse com medo de deixar algo para trás. Piontelli falou a Jacob sobre essa busca de algo que não conseguia encontrar, e ele olhou-a intensamente. Ela continuou dizendo que ele sacudia os objetos para trazê-los de volta à vida, como se estivesse com medo de que sua imobilidade significasse a morte. Os pais, então, falaram que Jacob era gêmeo de um menino que tinha morrido duas semanas antes do nascimento.

Podemos questionar: como os gêmeos vivem a falta de espaço intraútero? Quais as sensações e os sentimentos primordiais de um gêmeo sobrevivente ao conviver no ventre com o gêmeo morto, imóvel? Há muita proximidade entre os gêmeos intraútero? Como é perder o intercâmbio de movimentos tanto dentro do ventre como após o nascimento? Como é perder essa proximidade após o nascimento? Quais dificuldades e angústias "sem nome" podem estar sujeitos nessas situações? Como lidar com a culpa primitiva? Como podemos intuir e nomear essas questões no atendimento de uma criança?

Podemos comparar a possibilidade de o analista entrar em contato com e digerir esses sentimentos não mentalizados com a de uma mãe no exercício de sua função materna. Esta, se capaz de exercer sua função alfa, ter capacidade de *rêverie*, poderá receber os afetos primitivos que a mente do bebê não pode processar, por sua consciência ser rudimentar, e devolvê-las de modo tolerável a ele. A sensibilidade, intuição e a capacidade de expressão adequada ao nível do bebê permitem à mãe essa função. Desse modo, o crescimento vai se dando, e a capacidade de pensar vai se desenvolvendo. Se isso não ocorre satisfatoriamente, o bebê está sujeito a sentir um "terror sem nome" e a expressar isso cada vez mais de modo não contido. Esses sentimentos não mentalizados podem também trair indícios pré-natais.

Figura 15.2 – Estudo para Madona com cesta de fruta *(1478?) – Leonardo da Vinci. Disponível em: <https://www.wikiart.org/pt/leonardo-da-vinci/>. Acesso em 20/03/2022.*

Junqueira de Mattos e Braga (2009) referiram que Bion foi consolidando a conjectura imaginativa referente a uma consciência moral primitiva associada a registros talâmicos e glandulares de experiências antes do nascimento, anteriores à disponibilidade do córtex para registros de experiências pré-natais. A consciência moral primitiva estabelece proibições e fica inacessível com a cesura do nascimento. Manifesta-se na clínica como um sentimento de culpa que encobre estados de terror não vinculados a representações, vividos como aniquilamento, o que permite um vislumbre da mente primordial na clínica. Surgem quando o contato com situações novas pode levar ao crescimento.

O analista que, na situação de análise, tem a possibilidade de apreender, conter e nomear essas vivências de culpa e terror abre caminho ao paciente para uma maior tolerância a elas. Com a evolução, a situação analítica pode mudar; podem surgir modificações nos estados mentais, maior alternância e simultaneidade deles e aproximações aos estados terríficos nos sonhos, no brincar e nas expressões estéticas como o ritmo e os versos. "A beleza poderia ajudar a infância balbuciante da mente baseada na sensualidade?" (Bion apud Willians, 2021, p. 1). A mente evolui de um nível somático para uma mente que pode simbolizar e conter-se.

Uma menina pré-adolescente, com indícios de estados de terror, às vezes expressos por um olhar parado e aparentemente sem objeto, pode, com algum tempo de análise, expressá-los por meio de versos de música que fazem parte da vivência escolar, transformados (Mestriner, 2011, p. 178).

O cão entrou pela cozinha
E o prato então quebrou!
O cozinheiro viu
E o cão ele matou.

Em sua sepultura
Na seguinte inscrição
Aqui jaz o cão
Que o cozinheiro matou
Sabe por que ele fez isso?
Foi o prato que o cão quebrou

Espero ter abordado alguns pontos importantes do tema "A mente primordial e o psiquismo fetal" que podem conter ou estar contidos no relato do caso que Fernanda apresentará.

Material clínico

Fernanda Sivaldi Roberti Passalacqua

Catarina tem 3 anos de idade e, quando nos conhecemos, estava com 2 anos e 8 meses.

Catarina nasceu após a mãe sofrer vários abortos espontâneos. A gestação foi gemelar; o outro bebê, um menino, foi natimorto. A preocupação dos pais relacionava-se à negação da filha em evacuar, e, para que isso ocorresse, o pai a segurava à força no colo, com as perninhas encolhidas, embaixo do chuveiro, e a filha acabava evacuando um pouco, ao som de seus berros intensos.

Segundo o relato dos pais, a filha sempre foi um bebê silencioso, nunca deu trabalho. Frequenta a escola há um ano e seis meses; é considerada uma "aluna exemplar" (palavras do pai) por ser muito obediente, embora não interaja com os demais alunos. Realiza as atividades sem demonstrar qualquer curiosidade ou envolvimento. Ao chegar na escola, realiza um ritual: entra na escola correndo, vai até o parquinho e brinca no gira-gira. O único interesse da Catarina na escola é o gira-gira. É frequente a menina sair da sala durante alguma atividade, sem qualquer motivo aparente, direcionando-se ao gira-gira, permanecendo nele durante um certo tempo, sozinha, regressando para a sala apenas quando a professora vai ao seu encontro.

A mãe, desde o primeiro encontro, mostrou-se muito deprimida. Senti a necessidade de marcar uma conversa sem a presença do pai, antes de conhecer a criança. Nesse dia, a mãe contou-me que, na adolescência, tentou o suicídio por duas ou três vezes e que, a partir de então, passou a fazer uso de antidepressivos. Contou-me que Catarina nasceu só porque ela (a mãe) desviou sua atenção da gestação, pois tinha certeza de que, em algum momento, também "descartaria" aquele bebê. Assustei-me ao ouvir a palavra "descartaria". A mãe percebeu e, em uma tentativa de tranquilizar-me, disse que acabou dando certo, aí estava a Catarina. Sofreu depressão pós-parto, impossibilitada de cuidar da bebê; contratou uma babá, e, aos três meses da criança, ela e o marido decidiram matriculá-la em um berçário de período integral, onde ela permaneceu até sua entrada na escola.

A partir desse contato com a mãe, sugeri conversarmos com uma frequência quinzenal. A mãe aceitou, desde que viesse inicialmente sem o marido.

Encontros iniciais

Quando conheci Catarina, encontrei uma menina miúda, magrinha, de olhinhos assustados. Ela nunca apresentou resistência ao entrar sozinha na sala comigo, embora saísse da sala várias vezes para ver a mamãe. Inicialmente, eu me sentia apreensiva, temendo que, se ela caísse, poderia se machucar gravemente. Não se interessou pela caixa de brinquedos ou pelos materiais espalhados na mesa. No início de nossos contatos, observei alguns movimentos significativos, que me guiaram ao encontro de alguma possibilidade de estabelecer um vínculo com ela, pois, até então, parecia que eu não tinha existência para ela. Esses movimentos foram observados desde a sala de espera: ela agarrada na almofada da poltrona, ou então deitada embaixo da poltrona. Na sala de atendimento, observei que Catarina passava o dedinho indicador fazendo círculos na parede que tem uma cobertura macia antissom. Outro movimento foi o de manter sempre o pezinho encostado no meu quando nos sentávamos no chão, ou, então, quando se deitava na almofada, encostando a cabeça na minha perna, ou o braço no meu braço.

Em uma das sessões, vivenciando um sentimento doloroso de não existência, percebi que, dentro do bolso da minha calça, tinha uma moeda. Tirei-a do bolso, joguei-a na direção de um prendedor de porta que tem um ímã, e lá ficou grudada. Imediatamente Catarina sussurrou: "*Gudadinho*!". Eu tirei a moeda, ela gritou: "Faz de novo!". Eu respondi: "Assim, a Cat e a Fer ficam, grudadinhas". Então, na sessão seguinte, acrescentei mais uma moeda, esta de tamanho menor, e foi assim que demos continuidade à nossa busca por existência.

Sessão

Poucos minutos antes do horário de Catarina, ouvi gritos que vinham da sala de espera. Sofri um impasse: deveria ir até a sala de espera ou não? Embora não fosse ainda o horário da sessão, decidi ir para ver o que estava acontecendo. Encontrei mãe e filha gritando; a voz de uma parecia eco da voz da outra, sons que se espalhavam e perdiam-se pelo pequeno espaço da sala, desarticulados, mas comunicavam a mim um terror intenso. "Será que elas ouviriam a minha voz caso eu dissesse alguma coisa?", pensei. Posicionei-me entre as duas sem nada dizer. A mãe cessou seus gritos, disse: "Eu nunca sei o que ela quer, ela grita, eu grito". Catarina cessou seus gritos, mas rapidamente gritou olhando para mim: "Segura a Cat, segura". Eu senti uma urgência diante daquele pedido, estendi minha mão, Cat agarrou-a, enquanto, com a outra mão, segurava a boneca Vivi. A mãe recostou a cabeça na parede, fechou os olhos; parecia se retirar daquela situação tão angustiante. Observei o rosto da mãe e pensei: "Puxa, se eu tivesse uma manta aqui, eu a cobriria". Senti um aperto no meu coração ao deixá-la ali, sozinha.

Juntas, Cat e eu entramos na sala de atendimento. Cat vai até um dos cantos da sala, emite sons desarticulados; Vivi escorrega de seus braços caindo ao chão.

Analista: puxa, quando a mamãe não sabe o que se passa com a filhinha, a filhinha fica muito assustada, com medo de cair.

Cat: ela cai, bate a cabeça e morre.

A: então, a filhinha está em perigo, quem vai salvar a filhinha?

Cat grita por Daniel, incessantemente (Daniel é o seu irmão imaginário).

A: Nossa, o que fazer agora sem o Daniel? Será que a Fernanda vai conseguir salvar a filhinha?

Cat se vira para mim, abraça-me pela cintura e diz choramingando: "Segura a Cat, segura!". Eu a envolvo com os meus braços, sinto sua pele tão fina! Ela chora. Vejo-me ocupada em recolher cada gotinha de lágrima com um dos meus dedos, pensando que até as lágrimas poderiam fazer falta para Catarina.

Cat vai até a sala de espera; a mãe está cochilando. Ela fica diante da mãe, grita, e a mãe permanece imóvel, mantendo os olhos fechados. Cat volta para a sala, corre de um lado para o outro, pula as almofadas, cai no chão. Chora. Vai de um lado para o outro. Chama pelo Daniel.

A: (representando a Cat) não gosto quando a mamãe fecha os olhos para mim, eu não existo. O que será que aconteceu com o Daniel?

Cat faz minhocas com a massinha, verbalizando que as minhocas têm dentões de dinossauro. Diz que as minhocas dentro da barriga da mamãe morderam o Daniel.

A: se eu fosse a filhinha, eu ia morrer de medo de ter minhocas dentro da minha barriga. A filhinha então segura as minhocas dentro da barriguinha para elas não saírem e morderem mais ninguém (há catorze dias Catarina não evacuava).

Com a massinha, faço uma cestinha e coloco uma das minhocas dentro dela.

A: Oi minhoquinha, aqui você está protegida; dentro da cestinha, você não corre mais perigo. E nem precisa ficar presa.

Cat me pergunta cadê os dentões dela. Eu respondo: "Esta não tem dentão, só dentinhos, lindos! Olha como ela está feliz dentro da cestinha".

Cat pede para colocar as outras minhocas dentro da cestinha. Ela corre para a sala de espera; a mãe continua dormindo. Cat retorna gritando "*Mamã, boráàá! Mamã, boráàá*!", joga-se nas almofadas. Ela grita: "Vivi cai, tem medo de cair, a minhoca tem medo de cair, cai, cai!".

A: puxa, como podemos ajudar a Vivi e a minhoca? Não podemos deixar as duas caírem.

Catarina pede para eu fazer um bercinho para a Vivi. Eu uso as almofadas para fazer o berço; percebo-me caprichando, tentando deixá-lo confortável. Acomodei a Vivi dentro dele.

A: olha, a Vivi achou um lugarzinho para ela, ela não cai!

C: A Fer segura? Segura a Vivi, segura a Cat?

O olhar de desconfiança de Cat abre-se para um olhar de esperança. Ela me olha, depois olha para o canto da sala que lhe serve de refúgio, enquanto dá pequenos passos distanciando-se de mim. Com leveza, dei alguns passos em sua direção, acompanhando o compasso de seus passos. Aproximei-me dela. Não havia palavras, não havia gritos, apenas olhares que nos serviam como moldura para uma emoção nascente daquela experiência emocional.

Ela se deita no bercinho da boneca Vivi. Lançou-me um olhar e logo desviou. Repetiu esse movimento. "Será que o grito cedeu lugar, mesmo que por um instante, para o olhar?", pensei. Eu não reconhecia, naquele momento, um olhar perdido, e sim um olhar de encontro. Eu não tinha a menor noção de quanto tempo aquela experiência se manteria: talvez frações de segundos, talvez minutos ou horas. Mas senti que era necessário, para nós duas, que pudéssemos aproveitar o máximo da companhia uma da outra.

Assim, deitei-me ao seu lado no chão, sempre mantendo meu olhar em contato com o olhar dela.

C: Dani virou estrelinha! A minhoca dentuça mordeu ele!

Eu apenas canto a música da estrelinha e ela me acompanha: "Brilha, brilha, estrelinha, quero ver você brilhar. Brilha, brilha lá no céu, nesta noite de luar". Ela complementa com triste melodia: "Brilha, brilha, Dani, meu irmãozinho".

Comentários

Mércia Maranhão Fagundes

Com a célebre frase de Freud, em 1926, sobre a existência da continuidade da vida pré e pós-natal, apresentam-se aos psicanalistas grandes desafios, como empreender investigações arrojadas que incluam a mente pré-natal. Seria possível associar às mesmas observações o elemento inato pré-natal e o elemento pós-natal da mente, esse último elemento com sua capacidade de, então, viver experiências emocionais e sofrer transformações?

Bion acreditou que a proposta da existência de aspectos arcaicos da mente, a partir das reflexões implícitas na famosa frase de Freud, tornar-se-ia uma das mais instigantes pesquisas em Psicanálise (Bergstein, 2019). Daí a importância da observação em psicanálise. Em sua maioria, as contribuições bionianas consistem em teorias observacionais (Sandler, 2005).

Assim é possível observar, por um vértice, a mente pré-natal, embrionária, berço do potencial humano e, por outro, a mente pós-natal, à mercê das experimentações, para se transformar. Observa-se a expectativa originária de vida, inata, desenvolvida a partir de ritmos do funcionamento do corpo e da vida do bebê e da mãe para receber as experiências da mente pós-natal (Chuster, 2012).

Fernanda apresenta um material clínico que oferece a oportunidade para observar e fazer conjecturas imaginativas. Remete-nos ao trabalho de Bion a respeito das possibilidades de a mente pré-natal, sobrevivendo à cesura do nascimento, ao corte do cordão umbilical, ser passível de sofrer transformações impulsionadas pelas experiências pós-natais.

A partir da história e do desenrolar da vida de Catarina, é possível conjecturar que, ao nascer, a grande expectativa do recém-nato, de ser recebido por uma mente que seja capaz de debruçar-se sobre aquela mente tão primeva, quase incipiente, não se realizou.

A observação acurada da analista, desde o momento inicial, em que se prepara para o atendimento de Catarina, revela uma prontidão relevante. Essa prontidão permite uma intervenção precisa, segura, capaz de promover a interdição de um estado mental indiferenciado, vivido por mãe e filha. Tal prontidão é necessária quando o analista lida com uma mente tão primitiva que revela muita dificuldade com o tempo. Não existem, ainda, experiências emocionais significativas que possam atestar a presença dos elementos tempo e espaço. Então, só existe a urgência, que foi muito bem captada pela analista.

Essas considerações talvez possam trazer não um consenso sobre a conceituação dos estados primitivos da mente, mas uma compreensão de quão complexa é a tarefa que a dupla analista-analisando, na sala de análise, busca realizar, quando se dispõe a estar em um trabalho conjunto.

Catarina apresenta sua mente primitiva, que tem lá seus talentos, e, entre eles, "força de vida". Ela é frágil, mas não impotente. A presteza para agarrar a mão da analista, além de atestar, à sua moda, como é capaz de aderir-se, atesta também a presença de uma angústia catastrófica de quem não pode contar com um objeto que a contivesse desde seus primórdios.

Outra observação que chama atenção e também, mais uma vez, evidencia os talentos de Catarina é a sua capacidade de mudar de estado mental. Em um momento, vive uma angústia sem fim e, em seguida, vive um momento fusional, segurando a mão da analista e indo com ela à sala de análise.

Constitui um desafio para o psicanalista coadunar os referenciais teóricos existentes com a prática clínica da psicanálise, durante cada sessão de análise. Apreender o estado de mente do analisando, o seu tempo e buscar um momento em uníssono com essa mente exige sempre muita dedicação. A questão se torna mais complexa quando se considera que estados mentais intercambiantes, mais ou menos plásticos, quando colocados sob o escrutínio de uma observação acurada e não positivista, são capazes de provocar, no observador e no observado, emoções turbulentas, resistências e derivações para teorizações e mentiras. Acrescente-se a isso a necessidade de se viver uma atmosfera de intimidade mental para que o trabalho analítico possa acontecer. Tal estado é uma conquista delicada e transiente, e só surge quando analista e analisando, assumidos em sua natureza humana, conseguem, enfim, viver a turbulência emocional do encontro, da maneira que seja possível. Assim, é possível aquilatar como é precioso o raro momento em que surge a oportunidade para se fazer uma interpretação, usando a linguagem como um prelúdio à ação e não como substituição a ela (Bion, 1970).

As ideias apresentadas em cada teoria psicanalítica precisam ser pensadas e submetidas à subjetividade do analista. Cada psicanalista nota que, no exercício do seu ofício, molda suas orientações teóricas e, consequentemente, cria teorias. Emocionalmente presente. É o momento definitivo do trabalho analítico, de maior intimidade, de maior união, encontro com a verdade e beleza de cada um.

Assim, é possível observar, seguindo as observações da analista, como cada analisando, no caso a Catarina, exige que se encontre um caminho, uma fresta para que os estados emocionais intercambiantes possam ser reconhecidos e vividos. Observem que a pequena analisanda não se interessa pela caixa de ludoterapia, preconizada por Klein, nem por outros materiais lúdicos oferecidos.

Como em um labirinto, a analista vai buscando apresentar a relação transferencial para Catarina, e é muito interessante quando esta, como se agarrando a uma possibilidade de sair do caos, segura a mão da analista e aceita o convite feito pela ação interpretativa ao estender-lhe a mão. E assim entra na sala de análise.

O processo de elaboração, desenvolvimento e vivência da experiência emocional compartilhada que a relação analítica oferece é lento, gradual. São necessários vários momentos de encontro para que se crie um continente para a relação dupla.

É pertinente que se chame a atenção para a abordagem afetiva da analista, buscando viver o tempo de Catarina e penetrar em seu mundo. O ato de fé, exibido pela analista, conforta-nos, assim como conforta Catarina. Que fantasias teria ela a respeito do seu nascimento? Como se captasse a voracidade e o primitivismo do bebê, parece acreditar que sua agressividade, vivida ainda como muito destrutiva e provavelmente aderida à violência, seria capaz de provocar danos irreparáveis. Por exemplo, a morte do irmãozinho gêmeo.

À medida que Catarina convive com sua analista, parece introjetar que não é tão perigosa como pensava e que sua destrutividade não é capaz, como uma bomba atômica, de aniquilar a vida terrestre. De acordo com Bion (CWB XIV, p. 146), em determinados momentos da vida pós-natal, a criança mostrará emoções fortemente poderosas e sintomas, como choro contínuo em tal intensidade que os pais não consigam tolerar. Quando o analisando já é adulto o suficiente, ele expressará a pressão de sentimentos muito intensos dos quais ele consegue se dar conta, como o pavor de enlouquecer. Tal situação pode bloquear a capacidade de intuição ou causar estado de pânico nos pais. Tenho a impressão de que observamos algo como um estado mental semelhante ao vivido pela mãe de Catarina.

Vale a pena destacar que os estados protomentais podem ser vistos como os momentos em que os sistemas físico e mental se caracterizam pela indiferenciação. Nesses momentos, o stress vivido pelo analisando pode se manifestar em forma física ou mental, como a dificuldade de evacuação que Catarina apresenta. A existência do campo da medicina psicossomática atesta dificuldades frequentes nas tentativas de determinação da linha que separa um fenômeno físico do mental.

Pode-se dizer que o discurso, bem como o movimento do corpo e as expressões faciais, são transmissores das emoções. Parece que as crianças se organizam em seus estados emocionais com seus pares ou cuidadores, inclusive o psicanalista, considerando a música do discurso ou a música da voz. A analista oferece uma música para estabelecer um contato mais profundo com sua pequena analisanda, estabelecendo, provavelmente, um vínculo direto entre o mundo interno da analisanda e o seu.

A vitalidade da analista na elaboração das turbulências emocionais do encontro relatado nos permite observar os vários estados mentais em trânsito durante a sessão: desde a fusão ao belo encontro do olhar. Em um momento, Catarina se apresenta confusa, imiscuída com o outro; noutro momento, aderida ao outro, posteriormente, ainda, experienciava estar com o outro. O olhar cheio de esperança de Catarina espelha esse momento, quase indescritível, inefável, de extraordinária beleza.

É interessante observar que as crianças, assim como os adolescentes e adultos, apresentam diferentes capacidades para tolerar frustrações. Uma criança com marcada capacidade de tolerar frustrações pode sobreviver muito bem a uma mãe que não seja capaz de suprir suas necessidades mentais básicas; por outro lado, uma criança incapaz de suportar qualquer nível de frustração pode ter sua mente em colapso, mesmo que tenha uma mãe amorosa e acolhedora.

Agradeço à Fernanda pelo belo material clínico, que me permitiu sonhar.

Referências

Bergstein, A. (2019). *Bion and Meltzer's expeditions into unmapped mental life*. Routledge.

Bion, W. R. (1970). Prelúdio à Consecução ou seu Substituto. In *Atenção e Interpretação*. Editora Imago.

Bion, W. R. (1977). *Two Papers: the Grid and Caesura*. Editora Imago.

Bion, W. R. (1992). *Conversando com Bion – quatro discussões com W. R. Bion – Bion em Nova Iorque e em São Paulo*. Editora Imago.

Bléandonu, G. (1993). *Wilfred R. Bion: a vida e a obra, 1897-1979*. Editora Imago.

Chuster, A. (2012). O objeto psicanalítico. Editora do Autor.

Freud, S. (1976). Inibições, sintomas e ansiedade. In *E.S.B.*, vol. XX. 2. ed. Editora Imago. (Trabalho original publicado em 1926 [1925]).

Junqueira de Mattos, J. A.; Braga, J. C. (2009). Consciência moral primitiva. *Revista Brasileira de Psicanálise, 43*(3), 141-158.

Mestriner, S. M. M. E. (2011). Fenômenos de "pseudoadolescência". *Bergasse 19, II*(2), 164-182.

Piontelli, A. (1995). *De feto a criança: um estudo observacional e psicanalítico*. Editora Imago.

Sandler, P. C. (2005). *The Language of Bion: A Dictionary of Concepts*. Karnac Books.

Williams, M. H. (2021). 'A Beleza poderia ajudar?' Respostas à turbulência. Trabalho apresentado no Evento Internacional Psicanálise e Experiência Estética. On-line – Zoom. 26 de junho de 2021.

16. A Grade: um instrumento de observação clínica

Rachel Barbosa Lomônaco Beltrame

O título deste capítulo traduz o que me parece ter sido o intuito de Bion em oferecer-nos algo que pudéssemos usar como instrumento a posteriori da sessão para avaliarmos o trabalho desenvolvido. (Bion, 1963).

Eu o utilizo para refletir sobre os níveis de funcionamento de um determinado paciente e a formulação que faço a ele. Percebo que algumas vezes os planos são distintos, tendo o paciente dificuldade em ter acesso a determinada formulação.

Faço, inicialmente, uma pequena revisão teórica dos conceitos envolvidos na construção da grade e, em seguida, utilizo materiais clínicos para tornar a apresentação mais viva e acessível.

A grade consiste em 2 eixos: o eixo vertical (linhas de A a H), chamado genético, no qual podemos observar a evolução do pensamento a partir das impressões sensoriais (elementos β linha A) até um maior grau de abstração (cálculo algébrico – linha H); e o eixo horizontal (colunas de 1 a 6), que descreve os usos e funções de uma formulação.

A Elementos β
B Elementos α
C Pensamentos oníricos, Mitos e Sonhos
D Preconcepção
E Concepção
F Conceito
G Sistema Dedutivo Científico
H Cálculo Algébrico

Figura 16.1 – Eixo vertical – genético. Evolução do pensamento – concretude à abstração.

A evolução do pensamento se dá por meio de sucessivas transformações (via identificação projetiva), partindo das impressões sensoriais (elementos β) que precisam ser transformadas pela função α em elementos α e, assim, adquirirem uma qualidade psíquica. Esses elementos, reunidos, formam a barreira de contato que possibilita a diferenciação das dimensões do inconsciente e do consciente. Essa barreira é fluida, o que permite o trânsito entre os elementos pertencentes a essas duas dimensões e configura a linha C Sonhos, pensamentos oníricos, mitos e narrativas.

A linha D – Preconcepção – tem como protótipo a preconcepção genética do seio, ou seja, existe uma expectância de encontrar um objeto, algo que permita uma realização. Para Bion, qualquer linha da grade pode ter essa função, e são as realizações que vão permitir a evolução para a linha seguinte. Podemos identificar na sessão de análise, com a observação da experiência emocional que está em curso.

A linha E – Concepção – ocorre quando há uma realização da preconcepção e a possibilidade de adquirir um conceito.

A linha F – Conceito – tem um grau de abstração mais elevado e pode compor as teorias.

A linha G – Sistema dedutivo científico – e a linha H – Cálculo algébrico – apresentam um grau muito elevado de abstração encontrado em outras ciências e, até aqui, não aplicáveis à psicanálise.

1	2	3	4	5	6	
Hipóteses definitórias	Falsificação Ψ	Notação	Atenção	Indagação	Ação	n...

Figura 16.2 – Eixo horizontal – usos e funções.

Hipótese definitória – o termo "gato", por exemplo, pode ser uma conjunção constante, mas o significado vai ser dado pela experiência emocional daquele momento.

Falsificação – Coluna 2 – evasão – quando uma comunicação, seja do paciente, seja do analista, é usada para encobrir, obstruir algo novo, desconhecido.

Notação – Coluna 3 – quando se utiliza o discurso para registrar um fato ou utilizar a memória.

Atenção – Coluna 4 – quando o enunciado já foi experimentado, realizado e pode ser apropriadamente utilizado.

Investigação – Coluna 5 – ligada à curiosidade, quando se decide ir além na abordagem de um problema.

Ação – Coluna 6 – pode ser algo evacuatório, como uma descarga motora ou uma interpretação que leva ao conhecimento.

A Grade

A Grade pressupõe na sua construção os conceitos de identificação projetiva, as oscilações das posições esquizoparanoide e depressiva, o modelo de continente-contido, o conceito de função alfa e a Teoria das Transformações. São eles os principais responsáveis pelo desenvolvimento que ocorre no eixo genético da grade por meio de sucessivas transformações.

A evolução do pensamento se dá mediante a experiência emocional que ocorre entre duas mentes e as transformações que são feitas pelo analista e pelo paciente por meio de identificações projetivas e da interação continente-contido. O desenvolvimento caminharia da linha A até a linha H.

O sentido inverso de H em direção a A pode também ser compreendido a partir dos mesmos mecanismos. Em determinadas situações de turbulência, podem ocorrer reversões da função alfa, de modo que alguns elementos já transformados retornam às categorias anteriores (da abstração em direção à concretude, ou seja, do pensamento à alucinose). Entretanto, pelo crescimento negativo, pode ocorrer desenvolvimento posterior.

O eixo sistemático da grade é determinado pelo uso que uma formulação pode ter. Implícitos no seu desenvolvimento, além dos mecanismos citados anteriormente, encontram-se ainda a evasão da frustração e/ou a tentativa de modificação do princípio do prazer e dor. Uma mesma formulação do analista ou do paciente poderá ter diferentes usos, a depender da experiência emocional. Tal aspecto reforça a importância que Bion atribui à investigação e ao trabalhar sem memória e sem desejo.

Tanto o analista como o paciente podem transitar por qualquer uma das linhas e colunas. No entanto, para Bion, o analista deveria preferencialmente ocupar as colunas 1, 4, 5 e 6 e as linhas C, D e E.

O paciente, por sua vez, tem a prerrogativa de ocupar qualquer uma das linhas e colunas. Caberá ao analista fazer transformações que possibilitem a ele desenvolver-se na direção do conhecimento (transformações em K).

Material clínico 1

A paciente, muito inquieta, começa a dizer-me que não tem nada para falar; a voz é carregada de irritação: "quero falar, mas não consigo". Mexe inquietamente as mãos. . . Digo a ela que eu estava observando o seu desconforto naquela situação.

Ela parece não levar em conta o que eu digo e imediatamente começa a dizer: "Agora me lembrei de um sonho. . .", e começa, aliviada, a narrar o sonho com riqueza de elementos visuais. Termina a exposição e fica em silêncio, como que esperando que eu pudesse falar algo a respeito dele. Digo, então, que ela gostaria que eu decifrasse o sonho, pois me parecia ter ficado aguardando uma interpretação.

Diz que ficou sem graça e que se lembrou de uma parte do sonho na qual aparece uma pessoa com o mesmo nome de sua mãe.

Nesse momento, eu me lembro das circunstâncias da morte de sua mãe; tomada por forte emoção e um tanto embaralhada, faço algumas associações sobre a narrativa que ela havia me contado.

Bem, exercitando, agora, a grade:

Penso que eu estava em D4 (Preconcepção e atenção), observando a experiência emocional, mas sem ter acesso ao que estava em andamento. Tenho uma ação (coluna 6) quando chamo sua atenção para o que poderia estar ocorrendo (E6).

A paciente pareceu-me frustrada com a observação, pois talvez esperasse que eu pudesse ajudá-la introduzindo um assunto. Ela, então, lança mão de um sonho e preenche o espaço do desconhecido (razão do desconforto) com algo conhecido e fruto de memória. Poderíamos, assim, considerar como C (narrativa, sonho), que é trazido pela memória (coluna 3) em direção a C2, sonho usado como evasão (coluna 2).

A memória da morte de sua mãe foi um fator de obstrução da minha condição de pensar, o que sugere a presença de identificação projetiva exitosa, que me levou a dar uma interpretação segundo teorias psicanalíticas de reparação e culpa. Houve, nesse caso, uma evasão da experiência emocional que estava sendo vivida, e categorizo em F2 (uso de conceitos e teorias como forma de evasão).

Material clínico 2

Quando a paciente me encontra, sinto algo como uma certa aflição. Ela me diz:

Paciente: Rachel, você poderia me indicar um cardiologista? Estou com muita taquicardia e um aperto, um mal-estar muito grande.

Ela continua, quase sem tomar fôlego:

P: voltei agora do Ribeirão Shopping, pois havia combinado de almoçar com os meus pais. Eles ficaram em Ribeirão por causa do tratamento [dá um suspiro].

Vem-me à mente o tratamento que o pai estava fazendo devido a uma grave doença, e percebo-me com uma grande tristeza; vem-me à lembrança o meu pai, que faleceu de um câncer. Eu me emociono, e a experiência que se configura é intensa, carregada de emoção. A lembrança de um fato tão antigo (ocorrido há mais de 30 anos) me sugere que algo está sendo comunicado. Digo assim para ela:

Analista: acho que você tem razão. . . O seu problema é no coração, mas não esse coração que o cardiologista vai examinar e cuidar. É o coração símbolo das emoções, dos afetos. Penso que a ameaça da perda do seu pai está muito presente e deixando você muito triste.

A paciente começa a chorar e diz que levou um susto, quase não reconheceu o pai, de tão frágil e indefeso que lhe pareceu.

Colocando na grade:

Pude perceber pela intuição a aflição da paciente, mas era algo ainda sem um significado. Considero que eu estava em um estágio de uma preconcepção (D3/D4).

A paciente se comunicava por meio de elementos sensoriais (taquicardia e aperto no peito), sem condições de atribuir um significado àquilo que estava sentindo. Seu funcionamento mental me parecia estar, naquele momento, em um nível mais primário, ou seja, de elementos β – impressões sensoriais utilizadas por meio de identificações projetivas. Categorizo essa experiência como A6.

Nessa situação, utilizando-me da função α, tive condições de transformar aquela experiência em elementos α e pensamento-sonho (lembrança da morte de meu pai) e, com isso, pude dar um nome, um significado para a paciente: tristeza e ameaça de perda. Assim, ela pôde evoluir de A6 para E4.

Material clínico 3

A paciente, muito aflita, começa a contar-me o motivo de sua indignação. Trata-se de uma cachorra presa. Ela me diz que não aguenta ver uma cachorra presa, em pequeno espaço. Não aguenta ver pássaro na gaiola, peixe no aquário, cachorro em uma corrente curta.

Percebo que algo importante está sendo vivido, sobretudo pelo exagero da comunicação e da dificuldade em contar-me esses fatos: as sentenças são fragmentadas, como se ela não conseguisse estabelecer uma ligação entre estas. Ao ouvi-la, recordo-me de sua gestação gemelar, na qual ficou em espaço bastante reduzido. Vem à minha mente também o meu próprio nascimento com dupla circular de cordão e o quanto ouvi repetidas vezes o risco que eu teria corrido no parto. Começo a sentir falta de ar.

Ainda envolta nessa condição, surge a lembrança de uma viagem que fiz à Itália, em que, no museu Galleria dell'Accademia, em Firenze, tive contato com a obra inacabada de Michelangelo *Os escravos*. O impacto que tive foi tal que comecei a sentir falta de ar ao ver as figuras humanas presas para sempre ao bloco de mármore. Digo-lhe que talvez sua irritação fosse expressão de um sofrimento, produto da superproteção que foi necessária devido ao comprometimento no seu parto e também da falta de autonomia e independência que vivenciou ao longo da sua vida devido a uma relação simbiótica com a figura materna.

Colocando na grade:

A experiência emocional me remete ao conceito de hipérbole de Bion, em que há um exagero das emoções para chamar atenção do continente. A paciente se utiliza de identificação projetiva maciça, e pareceu-me funcionar em uma dimensão das transformações em alucinose (linha A6).

Nessa ilustração, podemos perceber uma realização dos conceitos de crescimento negativo e crescimento positivo no eixo genético da grade, pois houve inicialmente uma reversão para a linha A (impressões sensoriais, falta de ar), que evoluiu, depois, para a linha E (concepção – relação simbiótica com a figura materna).

Então:

A experiência emocional e as identificações projetivas da paciente me levaram para um funcionamento sensorial – Elementos β (falta de ar) –, que, depois, evoluiu para Elementos α (sofrimento psíquico); em seguida, para linha C (imagem visual – as esculturas), linha D (preconcepção – sentido de não existência) e, finalmente, para as linhas E e F (Concepção – fusão com a figura materna e a necessidade de ter existência, imperativo de poder Ser).

Gostaria de ressaltar, finalmente, que essas considerações são aspectos subjetivos a partir das experiências emocionais que vivemos nos encontros com os pacientes. Penso que outro analista poderia ter interpretação distinta e pensar as categorias da grade de outra forma daquelas por mim colocadas.

A grade permite uma reflexão do nosso trabalho, favorecendo o desenvolvimento da intuição e o refinamento da capacidade de observação e condição para pensar.

Referências

Bion, W. R. (2011, agosto). A Grade. *Revista de Psicanálise*, *VIII*(2). (Trabalho original publicado em 1963).

Bion, W. R. (1965). *Transformations*. William Heinemann. (Trabalho original publicado em 1984).

17. Uma memória do futuro

Mércia Maranhão Fagundes

Miguel Marques

Paulo de Moraes Mendonça Ribeiro

Thaís Helena Thomé Marques

Esperamos que a nossa apresentação de *Uma memória do futuro* os estimule a investigar esta obra que, embora tenha sido a menos compreendida de Bion e acusada de não se referir à psicanálise, consideramos imprescindível para o trabalho analítico, pois ela oferece um ponto de vista estético científico do que é a psicanálise contemporânea.

A forma estética da psicanálise atual se aplica à experiência emocional com a verdade inefável de cada um e da dupla a cada instante, e torna-a profundamente fresca e vívida. É uma maneira de conversarmos com nós mesmos e atrairmos nossa atenção em nossa direção.

A proposta de um estudo-leitura dessa obra nos coloca diante do desafio de estarmos em contato com nossos próprios esforços para acomodarmos estados mentais inquietantes, assustadores, desorganizados com pensamentos coerentes, ideias e conceitos preexistentes e conhecidos da teoria psicanalítica.

Com efeito, é nessa obra que se encontra uma abertura aos espaços imaginários e perturbadores de outras dimensões mentais que nos causam estranheza, onde se é admitido suspeitar do estabelecido e conceitualmente ordenado.

Nela se abrem os canais livres para a perplexidade, para os jogos com diferentes dimensões do humano e para as dúvidas profundamente reflexivas e, muitas vezes, irônicas sobre a nossa própria condição como psicanalistas.

Possivelmente, nenhum autor ainda tenha conseguido chegar tão próximo ou tenha tocado tão fundo as inquietações, turbulências e incertezas do leitor de um texto psicanalítico.

Bion deu um ritmo ao seu próprio pensamento, oferecendo expressões estéticas às suas constantes reflexões e perturbações sobre a psicanálise e suas generalizações abstratas a respeito do universo mental humano. Aproveitamos a profundidade e as perturbações que suas expressões estéticas causam e agregamos a elas imagens para que estimulem os desdobramentos de nossas conversas.

Para nos sintonizarmos com essa nova forma de observação que Bion propõe de modo vivo, fresco e, ao mesmo tempo, perturbadoramente desafiador, nós optamos pela evocação de uma matéria básica a partir da qual os sonhos são fabricados – as artes cênicas, que nos ajudam a alcançar diferentes perspectivas da mente.

Os estímulos são vídeos criados a partir dos diálogos dos epílogos e prólogos de cada um dos três volumes que compõem a chamada "ficção científica de Bion". Assim, sonhamos em oferecer passo a passo, com essa experiência estética proposta, os estímulos para que cada um de nós, psicanalistas, arrisque sentir a mais dolorosa, desagradável, porém instigante jornada de promover o contato consigo mesmo.

Figura 17.1 – Frame[1] *do vídeo "Prólogos e epílogos", produzido pelos autores do texto. Atores: André Cruz e Renata Martelli.*

Buscamos o sonho dentro do sonho. Os sonhos podem ser considerados como a cinematografia do universo mental; e o universo mental, como o armazém dos sonhos.

Em *Uma memória do futuro*, Bion nos apresenta uma forma de conhecimento intuitivo particular que está além das emoções e sensações, transformado em múltiplos personagens que dialogam. Está além de qualquer formulação teórica, localizando, assim, a universalidade em sua própria particularidade. É possível, diante dos bombardeios causados pelo autor, sentir-se em um campo flutuante, o que individualiza a experiência vivida e o que a diferencia e destaca da ilustração da experiência.

1 Os *frames* ao longo do capítulo foram retirados do trabalho de videoarte intitulado "Prólogos e Epílogos, uma experiência estética", dos psicanalistas Mércia Maranhão Fagundes, Miguel Marques e Thaís Helena Thomé Marques. Elenco: André Cruz e Renata Martelli (nas fotos da escada-biblioteca e do sofá-divã), André Cruz (datilografando/máquina de escrever) e Renata Defina (na foto com livros espalhados e tecido amarelo ao fundo).

Figura 17.2 – Frame *do vídeo "Prólogos e epílogos", produzido pelos autores do texto. Ator: André Cruz.*

Parece-nos que ele considerou que, fora da esfera intuitiva, o pensamento se torna vazio, apenas a sistematização do universo mental reduzido a signos do conhecimento conceitual. Apesar de desconforto, desentendimentos e persecutoriedades nos mais diversos níveis, a cada experiência vivida se constrói o equilíbrio fugaz do contato com nossa própria natureza.

Bion, com essa obra, expressou de forma profunda que é somente por meio das relações que os fatos psíquicos podem se configurar. A experiência emocional, ao longo dos três volumes, desdobra-se de forma que não se reduz em interpretações restritivas, mas em movimentos que sempre se continuam em outros, como ondas.

Ele encarna um criador de ficções tomadas por uma autoconsciência tão pronunciada que pensamos que ele tenha criado uma obra única, cujo caráter ficcional contribui para a saúde do sistema mental digestório, como ele mesmo denominava o aparelho mental. Seu poder de impacto e novidade se deve, em larga medida, à junção original da arte com o pensamento, que se operou em *Uma memória do futuro*.

A posição reflexiva de Bion, ao ser levada ao espaço da ficção na figura de diferentes personagens marcados pelo traço inquisitivo do pensamento ensaístico que lança hipóteses e conjecturas sobre os mais variados vértices, em geral com alto teor intelectual ou dimensão teórica psicanalítica, demorou a surgir no universo psicanalítico da forma autônoma como começa a apresentar-se na atualidade.

Em toda a obra, a novidade é o modo como ele constrói seus diálogos. Além da impactante autobiografia, há sempre presente um duplo no fundo do espelho, uma espécie de comentador, um inquiridor dado a minúcias, abstrações e ironias, que tece argumentos conjecturais retirados de outras obras e de autores incontáveis que fizeram parte de sua erudição e da sua experiência de vida.

Bion nos convida à perturbação de percebermo-nos como um fluxo de eventos, que em breves momentos se sustentam, dando continuamente lugar a outros. São diferentes personagens que não se encontram no espaço e no tempo, mas tecem espaço e tempo com suas relações.

Os embates e reflexões descrevem um pulular de eventos imersos em um grande espaço dinâmico que se agita como as ondas do oceano e abre-se em nuvens de probabilidades de observações.

A cada página e por seus diferentes diálogos, vamos deixando aquilo que bem ou mal sabemos sobre a mente e o universo psicanalítico para chegarmos ao que ainda não sabemos, mas começamos a vislumbrar. Também se delineia para os leitores incautos a única coisa que realmente é infinita: nossa ignorância. Nesse sentido, Bion encarna a proposta do quanto necessitamos conhecer para nos aproximarmos da extensão da nossa ignorância.

Conversamos longamente com artistas e cineastas em busca de imagens que pudessem revelar aos psicanalistas algo deles mesmos e de suas teorias. Estamos muito mais interessados nos movimentos que essas imagens podem provocar do que em interpretações psicanalíticas; o que nos interessa é o desdobramento da observação da experiência emocional.

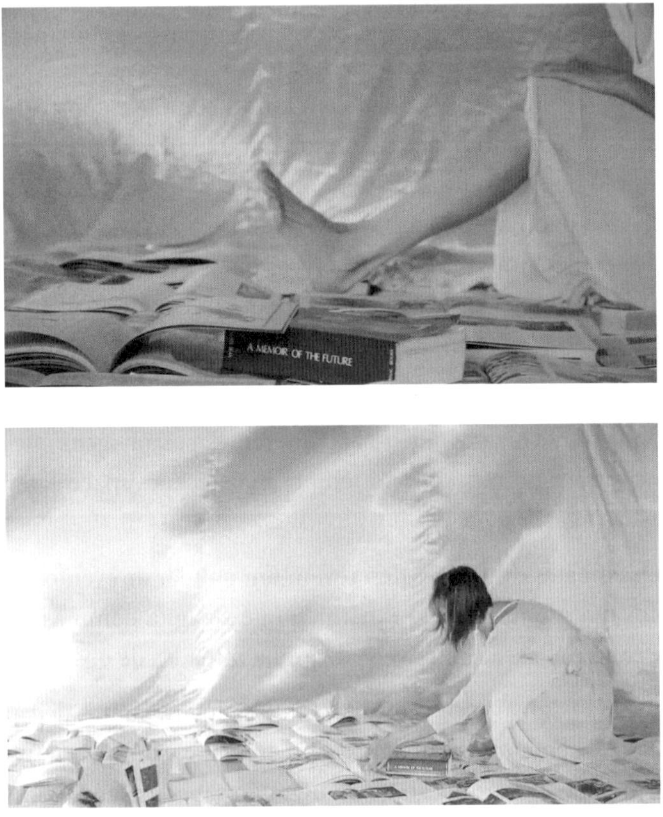

Figura 17.3 – Frames *do vídeo "Prólogos e epílogos", produzido pelos autores do texto. Atriz: Renata Defina.*

As imagens são insaturadas e mais evocativas do que as palavras. Naturalmente livres, elas proveem um poder que as palavras não possuem e são contíguas à profundidade do nosso senso de existir, porque nos estimulam muito mais.

Como a complexidade das fugas, que são peças musicais complexas em que um tema é proposto e às quais se juntam expressivas e muitas outras diversas vozes, causando-nos inquietações, estranhamentos e estados de encantamento, nós os convidamos a essa vivência estética.

Por meio dessas experiências emocionais vividas por uma mente inquieta, primitiva, curiosa e determinada como a de Bion, que buscou à exaustão o contato fugaz e possível com sua própria natureza, fazemos votos de que essa jornada seja possível para todos nós.

Reflexões a partir do trabalho "Prólogos e epílogos"

Paulo de Moraes Mendonça Ribeiro

> *Se a intuição psicanalítica não prover uma reserva para seus asnos selvagens, onde encontraríamos um zoológico para a preservação das espécies?*
>
> W. R. Bion (1975)

O trabalho científico apresentado, realizado na forma fílmica, foi inspirado na trilogia *Uma memória do futuro*, de Bion. Os autores deste valioso trabalho – Mércia, Miguel e Thaís – ousaram publicar algo que, originalmente, foi elaborado em linguagem escrita – o livro do Bion – em linguagem estética visual, o filme do qual temos algumas imagens aqui disponíveis. Coube a mim transpor um pouco dessa experiência emocional para as palavras, veículo de comunicação que ainda nos é útil para as trocas de conhecimento.

Uma memória do futuro (*A Memoir of the Future*, em inglês), como sabem, talvez se constitua, ainda, na publicação em linguagem escrita mais original que podemos encontrar em psicanálise desde *A interpretação dos sonhos*, de Freud, publicada há mais de 120 anos. Acredito que a trilogia de Bion ainda é uma obra incompreendida, talvez por conter elementos que muitos estudiosos ainda não concebem como reais.

O *establishment* psicanalítico ainda resiste em compreender essa obra como uma valiosa ferramenta técnica para o nosso trabalho cotidiano. No mundo inteiro, mesmo entre aqueles que admiram a obra anterior de Bion, há muitas controvérsias, e vários psicanalistas referem que esta obra seria evidência da senilidade do autor. Será?

Nesse caso, também seríamos senis por estarmos apresentando esse livro em um curso sobre os conceitos elementares do autor? Talvez. Um curso de conceitos elementares implica iniciação, em principiantes, e eu disse que esse livro, a última obra do Bion, seria mais para estudiosos avançados. . . Será?

Penso que não. Acredito que, quanto mais "virgens" de teorias, de ideias psicanalíticas, conceitos etc., mais facilmente poderemos acessar essa valiosa contribuição do Bion. Por isso, convidamos a todos para tentarem sonhar livremente com as imagens e os textos que foram expostos. É assim que podemos acessar esses conceitos, por meio do "sonho", da intuição, da arte, da estesia, do improviso, do assombro. . . Sentir-se livre para sonhar seja lá o que for suscitado pelo estímulo estético é justamente a ferramenta técnica que, com o devido treinamento psicanalítico, alcançamos para podermos captar fenômenos para além do já conhecido em sessão de análise (Kà→O).

Continuemos:

Memória do futuro, essa ideia não é incoerente e mesmo contraditória?! Memória é algo do passado; como pode ter a ver com algo do futuro, do que nem aconteceu? Epílogos são coisas do final. . . Prólogos são dos inícios. . . Estamos propondo uma inversão temporal? Ou seria mais uma libertação de relações de causa e efeito ou cronologicidade? Freud mesmo nos apontou, em sua obra inaugural, *A interpretação dos sonhos* (1900), para a atemporalidade da mente.

Prólogos e epílogos, ou passado e futuro (por exemplo), são diferentes vértices de observação que os colegas autores do texto nos apresentaram no título do trabalho deles, e de uma forma impactante, logo após uma explosão de intensa escuridão que dá início a tudo, *à la Big Bang*, origem do Universo, explosão nuclear originária!

Sobre *prólogos* e *epílogos*, podemos pesquisar na internet: os prefixos *pro-* e *epi-* vêm do grego antigo. Pesquisando rapidamente, encontrei que o primeiro significa "à frente, em defesa de, a favor de"; e o segundo significa "em cima; muito perto; a seguir; além de; sobre; conforme a; em vista de; com respeito a; ao alcance de; no poder de etc.". *Logos* também vem do grego e refere-se a "significado, conceito, lógica".

Então, seguindo a proposta do Bion nessa obra, estamos tentando abandonar o *logos*, pelo menos o da lógica racional, cartesiana, para tentarmos penetrar em um outro campo de observação. A inversão cronológica proposta pela ideia de memórias de um futuro entra nesse vértice de pensamento.

Sabemos que "de médico e de louco, todo mundo tem um pouco". Essa expressão popular denota uma forma de "linguagem de êxito" para falar que todos nós somos compostos por PPPs e PNPs (partes psicóticas e não psicóticas da personalidade). Nossas PNPs são lógicas, cartesianas, bem-comportadas, sabem uma porção de coisas, sabem um monte de teorias e tudo mais. . . Mas o quanto nos ajudam quando diante de uma situação clínica *à la* explosão nuclear?

Todos os que têm experiência clínica extensa já devem ter tido de enfrentar explosões ou implosões de magnitude nuclear em seus consultórios. Explosões do tipo fissão nuclear, na forma de atuações violentas, agressões ao analista, ataques verbais ou sexuais, ou mesmo fora da sessão. . . ou implosões do tipo fusão nuclear, desencadeando dinâmicas depressivas assassino-suicidas que, às vezes, culminam em um suicídio efetivo.

Pensando sobre essas questões de abandonarmos o *logos* dos conhecimentos adquiridos (K), tive uma memória-sonho. Memória-sonho (MS) é diferente do tipo de memória que surge na cabeça da gente quando não estamos muito disponíveis para viver a experiência emocional e recorremos a teorias já conhecidas. Essas últimas fazem parte de "memórias, desejos e necessidades de compreensão" que devemos tentar opacificar. Em geral, quando não estamos muito disponíveis para viver a relação (O), "cansados" (como diria o Bion), damos "interpretações", que vêm das "memórias" colecionadas ao longo da nossa formação, nos seminários, cursos, supervisões etc. A memória-sonho é diferente; ela é espontânea, brota como uma *rêverie*; é uma associação livre, pertinente ao tema vigente.

Então, conto para vocês a minha MS:

Há muito tempo, antes até da minha formação oficial, tive a oportunidade de assistir, na SBPSP, a uma série de palestras com as maiores autoridades da psicanálise inglesa. Foi fantástico! Eles convidaram nossos "heróis" de então – Betty Joseph, Hanna Segal, Elizabeth Spillius, Donald Meltzer, Ronald Britton, entre outros – para uma série de palestras e seminários clínicos. Cada vez vinha um e ficava vários dias trabalhando com o pessoal. Foi muito interessante. Entre os elementos interessantes, lembro-me de uma palestra de uma das "deusas", que levou pouco mais de meia hora e foi muito boa, mas, depois da sua fala, não houve uma pergunta sequer... Tiveram de encerrar a reunião mais cedo. Estranho, não é? Não era que o pessoal estivesse tímido para falar, era que não tinha nada para perguntar ou acrescentar... Já estava tudo dito... estava tudo muito certinho, bem colocado e certificado com o diploma de um "deus da psicanálise", vindo diretamente do Olimpo britânico! Também, em uma outra palestra, não me lembro bem com qual das "deusas", foi dito que eles, os analistas ingleses, acompanharam bem o pensamento do Bion até o livro *Transformações*; depois dessa obra, não o compreendiam mais e passaram a achar que ele estava ficando meio psicótico. Meio psicótico... Psicótico inteiro... Louco varrido ou louco varrendo?

Quando estava escrevendo essas reflexões, achei-me meio louco também. Tentando elaborar o medo da minha loucura, contei para uma colega que estava fazendo esses comentários e que, para minha surpresa, apesar do medo de ser rechaçado como idiota, eu estava me divertindo com a tarefa. A pessoa me perguntou como é que eu fazia com o meu superego, pois ela mesma não conseguia liberdade suficiente para escrever; tudo que escrevia considerava ruim, descartável e vexatório... Respondi-lhe que acabara por aprender a pedir para o meu "Tiranossauro Rex" aguardar um pouco "lá fora" enquanto eu estava escrevendo algo; combinara com ele que ia, sim, deixá-lo entrar, depois... na hora da revisão do texto. Aí, quem sabe, ele até me ajudaria a lapidar a comunicação antes de sua "publicação" final?...

Figura 17.4 – [foto], por Frank Kroeger (https://unsplash.com).

O problema é quando ele entra antes da hora, aí me inibo, não sai nada; sinto-me plagiando alguém, sou acusado de falta de criatividade, de burro etc. Então, fiz esse acordo com o meu "T-Rex". Bion também fez com o dele (quem leu a trilogia sabe). O interessante é que temos de estar sempre renovando esses "acordos", pois, ao lembrar-me dele, ele me já apareceu. . . e meio bravo. . . rosnando. . . (se é que dinossauro rosna!) e disse-me: "Tá ficando uma porcaria esse texto que você está preparando! Você está perdendo tempo, vai ter de deletar tudo isso já, já!".

E esses diálogos internos dão uma canseira! Acho que é por isso que o Bion disse no seu Prólogo que estava cansado, lembram-se? . . . A gente tende a desanimar. . . Rex: "Será que vai sobrar algo depois dessa revisão? Seu texto está simples demais, 'tá simplório! A Mércia, o Miguel e a Thaís fizeram um texto-fílmico maravilhoso, apresentaram em Barcelona, no Congresso Internacional de

Bion! . . . E você se atreve a comentar o trabalho deles dessa forma coloquial, como se estivesse em uma conversa de bar?! Ninguém vai gostar. Pode desistir agora mesmo! Já!". Ok. Desisto, então; acho que eu morri, comido pelo meu "Tiranossauro Rex".

Penso que esse trecho seja um modelo de funcionamento mental, de um diálogo interno com o meu superego. É assim que funciono. Na clínica, também. Vamos vivendo a relação com a pessoa que veio dispor do seu tempo de vida comigo e, ao mesmo tempo, vamos observando o que acontece dentro da gente e o que isso tem a ver com a relação analítica.

Figura 17.5 – Frame *do vídeo "Prólogos e epílogos", produzido pelos autores do texto. Atores: André Cruz e Renata Martelli.*

A partir do texto fílmico, sentimos e pensamos uma porção de coisas. A título de estímulo reflexivo, por exemplo, trago uma associação que eu tive: No começo do filme, no prólogo do *O sonho*, encontramos um bom modelo. Há neste fragmento o encontro de uma cabeça com uma bunda. . . ou de uma bunda com uma cabeça. Talvez, idealmente, seria de se desejar que uma psicanálise fosse sempre o encontro de duas cabeças. . . E cabeças pensantes, de preferência!

Mas cabeça-e-bunda pode ser um interessante vértice de observação, que favorece "visão binocular". No prólogo referido, Bion propõe pensar o seu "trato alimentar pessoal" como se fosse um "telescópio".

Disse Bion: "Eu poderia adentrar lá por baixo, pelo cu, e olhar pra cima e ver a boca cheia de dentes, as tonsilas, a língua. Ou correr para a extremidade mais alta do canal alimentar e ficar sacando qual era a do meu cu" (*O sonho*, p. 7).

Esse genial analista, muito corajoso, ainda hoje é visto por um certo viés negativo. Louco, complicado demais, uns dizem; não sabe escrever, confuso demais, pedante, outros dizem. . . Por meio desse modelo *à la* cabeça-e-bunda, ou trato alimentar, Bion nos oferece a ideia de vértices de observação. O mundo observado pelo ânus verá certos elementos que o mundo observado por meio da boca não poderá observar, e vice-versa. E isso absolutamente sem um viés moral que diria que é melhor observar o mundo a partir daqui ou dali. . . Bom mesmo é observar por multivértices ("visão binocular" ou prismática), pois, assim, podemos contemplar a complexidade da mente humana e da vida.

Referências

Bion, W. R. (1989). *Uma memória do futuro*. Tradução: Paulo Sandler. Martins Fontes.

18. Reflexão clínica: um seminário clínico com Bion

Paulo de Moraes Mendonça Ribeiro

Bion – supervisão[1]

Introdução

Esta supervisão ocorreu em São Paulo, em 1978. Está publicada no livro *Bion no Brasil* (Editora Blucher), cujos organizadores são José Américo Junqueira de Mattos, Gisèle de Mattos Brito e Howard B. Levine (pp. 45-59), e na revista *Ide*, Nº 26, Abril/1995 (pp. 8-14).

O analista apresentou o material em inglês. Poucas vezes nessa supervisão foi necessário o tradutor, e, quando isso aconteceu, foi assinalado no texto. "A" é o *analista*; "T", o *tradutor* da apresentação; "P1, P2, P3. . ." são os participantes na ordem da apresentação.

O analista do caso falou em inglês, e o tradutor traduziu para o português para os participantes. Ao longo da supervisão, existem

1 Transcrição original da fita gravada em inglês por José Américo Junqueira de Mattos e pela Profa. Paola Thompson, e tradução feita pelo Prof. Amauri Faria de Oliveira Filho. * A = Analista apresentador do caso.

palavras de difícil tradução ou que se prestam a dúbia interpretação; elas aparecem entre colchetes, em inglês; com isso, o transcritor e tradutor entende que permite ao leitor fazer o seu próprio julgamento a respeito do que está sendo dito.

Supervisão

A*: relato de um caso. A paciente é uma mulher de aproximadamente 40 anos de idade. Ela se veste de uma forma muito jovem para a sua idade. Como é estrangeira, fala português com o sotaque muito acentuado. Está se consultando comigo há mais de um ano, mas somente há dois meses foi capaz de iniciar a análise.

Bion: desculpe-me. Todos aqui entenderam o que foi dito? Muito bem. Quando você diz: "O seu modo de vestir não está em conformidade com sua idade", é a opinião dela ou é uma impressão que você tem?

A: não, é minha.

Bion: ela pensa, então, que está bem?

A: sim. Nós trabalhamos quatro vezes por semana. Enquanto esperava [pela vaga], ela me telefonou duas vezes – estava muito interessada em iniciar o tratamento. Quando veio pela primeira vez ao meu consultório, procurando tratamento, estava muito excitada e feliz, porque o psicanalista tinha uma hora para ela. Pouco tempo antes de iniciar o tratamento, esteve na Europa, em férias. Em Londres, na Regent Street, no meio da multidão, subitamente se sentiu doente e assustada de estar sozinha, e, se alguma coisa acontecesse com ela, não teria ninguém a quem recorrer.

Bion: posso interromper um instante? Eu penso que isso é algo fundamental. Eu acho que mesmo o recém-nascido – ainda que não possa verbalizá-lo – se sente dependente e se sente inteiramente só. Eles estão juntos, são ambos sentimentos desagradáveis, e, de fato, o que é desagradável é ser dependente e ser inteiramente só. Você os tem de uma vez. Assim, poderíamos dizer: você pode estar inteiramente só com você mesmo, inteiramente só com o seu analista, inteiramente só com uma multidão na Regent Street. É uma curiosa combinação de ser todo só e dependente de pessoas e coisas que não são você. Nós parecemos ser uma espécie de animal que tem de se organizar em sociedade, que tem de ter irmãos e irmãs, pais e mães, e todo um aparelho social. Nós dependemos disto e somos, ao mesmo tempo, inteiramente sós. Assim, eu penso que este ponto está sempre atual, acontece na idade de 40, mas acontece também na idade de 4, como também na idade zero. Assim, eu penso que isto é, de início, um ponto fundamental.

A: O senhor diz que isto permanece sempre em nós?

Bion: eu penso. Mas eu penso que é alguma coisa de que o analista deve tentar fazer o paciente se conscientizar. Porque é algo de que o paciente ou se esqueceu ou nunca foi consciente. É o mesmo que ter a experiência e nunca ter consciência de havê-la tido. A vantagem da discussão analítica é que o paciente tem a chance de ser conscientizado de sentimentos que realmente nunca foram conscientes. Prossiga.

A: bem, disse-me que viajava sozinha. O pai morrera havia quatro anos, e a mãe, havia um ano. A paciente vivia com eles desde há alguns anos. Aqui, nós necessitamos de mais informação. Antes disso, ela viveu durante muito tempo só. Tinha uma vida independente, longe dos pais. Foi filha única. Em uma sessão anterior a esta – da qual eu extraí o texto que se segue – ela explicou-me que tem conservado o quarto de seus pais intacto desde a morte de sua mãe. Nunca mexeu em nada, nem mesmo em roupas, móveis, ornamentos ou fotos.

P1[2]: eu estou pensando nos móveis, nos ornamentos... é a presença dos pais, é necessária a presença dos pais na casa.

A: eles estão na fotografia.

P1: não importa, porque ela precisa dos pais.

Bion: a vantagem dos fatos é que é fácil dizer: "Isto sou eu", "Isto é esta fotografia", ou seja o que for. É mais fácil falar dos móveis do quarto do que falar dos móveis da mente ou do caráter. Mas é um passo naquela direção. É uma espécie de caminho no processo do conhecimento em que o paciente pode chegar a saber quem ele ou ela, eles próprios, são. É uma espécie de relacionamento em trânsito. É uma transferência. Quando existe um analista, isto pode ser... isto pode se tornar novamente transitório, ele poderá saber quem o analista é, e assim por diante... que pode ser o pai, a mãe, o irmão, a irmã, todos... uma multidão de pessoas. Mas isto a caminho de algo além...

P2: isto significaria que os objetos mobilizam menos emoções de que as pessoas?

Bion: não. Eu penso que se trata de sentir que isto seria mais suportável, assim poderíamos dizer, saber a respeito de si mesmo e ser ignorante a respeito de si mesmo. Até mesmo as inscrições de Delfos dizem: "Conhece a ti mesmo". Dessa forma, esta é uma velha história, a de que, de uma certa forma, é útil conhecer a si próprio. Mas, no caminho de conhecermos a nós mesmos, é mais fácil conhecermos os móveis de nossa casa. Você poderá chegar a conhecer o mobiliário de sua mente um dia... mas é um passo nessa direção. Da mesma forma, é um passo naquela direção se o analista puder dizer: "Você sente que eu sou igual a seu pai ou sua mãe", ou seja quem for. Nós não queremos dizer que isto é o que você pensa,

---

2 P = Participante do seminário. Cada número representa um participante diferente, P1, P2 etc.

e que é isto o que você pensará para sempre, mas está a caminho, é um degrau no caminho para conhecer a você mesmo. Da mesma forma como os antigos gregos, nós ainda pensamos que é útil para os pacientes, e para nós mesmos, conhecer a nós mesmos. Somente o trabalho analítico está levando essa ambição, ou essa aspiração, a um passo, assim esperamos, à frente. Nós esperamos, com essas conversas analíticas, chegarmos um pouco mais próximo de conhecer quem nós somos. Eu tenho dúvida de que qualquer um de nós viva o suficiente para se conhecer, mas estamos a caminho. . . Nós estamos um pouco além na história que começou em Delfos, e mesmo muito antes disto.

A: assim, nós estamos substituindo a instituição religiosa antiga por pessoas que tentam conhecer a si mesmas, o Oráculo de Delfos?

Bion: não, a religião de Delfos, o culto de Apolo são um passo no caminho do que hoje sabemos. Eu não estou dizendo que nós estamos melhores do que os antigos hebreus, gregos ou chineses, e assim por diante. É uma questão de opinião. Podemos, de fato, nos perguntar se a raça humana está melhorando ou deteriorando. É uma questão de opinião. Se conhecêssemos um pouco mais a respeito de nós mesmos e um pouco mais a respeito dos seres humanos, como os egípcios, os gregos, ou os chineses etc., então, poderíamos ter uma ideia de em que direção estamos indo.

P1: assim, as fotos e outras coisas, os ornamentos relatados, todos são um passo, um objeto intermediário entre os pais e a criança e o analista?

Bion: e entre os pais, e entre a paciente e a paciente. Entre a paciente que não é casada e a paciente que é um pai ou uma mãe. Esta paciente não teve até agora um marido ou esposa. Não teve até agora filhos e filhas, mas isto pode ser o caminho para chegar a ter um ou se tornar um.

A: a propósito, eu penso que. . . Bem, eu coloquei uma nota aqui. A paciente informou em outra ocasião que foi casada quando tinha 17 anos, durante um ano. Ela teve uma criança. Disse que não pôde suportar aquela vida amarrada a uma criança e à casa. Desejava viajar e aproveitar a vida. Separou-se do marido, e a família do marido passou a cuidar da criança. Eles são pessoas de recursos e educação superior. Mudou-se para um outro país onde viveu durante alguns anos só. Nunca mais viu seu filho nem se interessou em fazê-lo.

Bion: eu penso que ela teme o seguinte: se continua a ter essas conversas com o analista, chegará a se conhecer como uma criança, e então ela poderá chegar a pensar que as roupas que ela está usando não são realmente apropriadas para a pessoa que ela é. Isto é mais fácil para você ver do que para ela.

P1: mostrar o filicídio para ela?

A: eu tenho minhas dúvidas se ela tem este filho, mentalmente.

Bion: sim, sem dúvida.

A: assim, eu não penso que é um filicídio, porque eu não penso que ela tenha um filho.

P1: não importa, é um filicídio.

Bion: porque os sentimentos que uma mãe possa ter acerca de um filho ou filha podem ser muito poderosos. Assim, o que aconteceu com eles? Ao mesmo tempo, ela tem esperança de escapar deles vindo para o Brasil, ou onde quer que seja. Você pode se mover em torno da superfície da Terra. Mas, se você pode, de fato, escapar, é diferente. Deve haver alguma razão por que ela decidiu procurar um analista. Eu não imagino que ela saiba. . .

A: realmente, a impressão que eu tenho dessa paciente é que tem passado sua vida fugindo.

Bion: ela provavelmente é mais perita nisto do que qualquer outra coisa. . .

A: perita em fugir?

Bion: sim.

A: escapar de si mesma. Posso prosseguir? Bem, eu tenho uma pequena parte da sessão de segunda-feira. Ela veio se sentindo miserável e disse: "Quando melhorarei? Eu não penso que exista alguma coisa que dê prazer. Sinto-me tão só. Este foi um fim de semana como tantos outros. Estou preocupada com o futuro. Sinto que estou me tornando mais e mais sozinha, todo o tempo. Antes de ontem, meus amigos me pegaram em casa e fomos para X (uma cidade pequena, perto da nossa), mas não tive nenhum prazer. Foram muito gentis, mas de que isto me serviu?". E ela chora um pouco.

Bion: eu penso que é, novamente, parte desta história fundamental, em que ela não pode tolerar a situação em que é inteiramente só consigo mesma, mesmo quando está com outras pessoas. Em outras palavras, este *self* não a deixa só. Este *self* vai com ela; mas nós, até agora, não sabemos o que este *self* é. Este certamente não é o *self* com quem ela gostaria de estar só, assim, está sempre em busca de alguém. Portanto, se não pode estar com você, certamente procurará outrem. Se não pode encontrar ninguém, então irá ao encontro de uma multidão, como a de Regent Street. Em qualquer lugar, onde existam multidões, para evitar estar consciente de que está consigo mesma, quer queira ou não.

A: acerca disto, eu tenho uma ideia. Ela me disse que todas estas pessoas em X (nome da cidade) foram muito gentis, mas quase todos eram iguais, como os móveis que são sempre os mesmos no quarto de seus pais. As pessoas são sentidas como mobiliário. São como objetos mortos. Não os discrimina. Muito bondosos, bonitos e gentis. Mas não existe vida. São sempre os mesmos. Objetos que nunca mudam. Como em Regent Street, existe uma multidão, mas são também móveis, não são pessoas, são só objetos. Objetos inanimados, ornamentos, e ela está só, entre eles, no meio de uma vida morta. Ela não tem relação com a vida. A criança é apenas um objeto para ela. Por isso, pôde deixar a criança sozinha, seu único filho. É o mesmo que não ter contato com ela mesma. Com a vida, com as pessoas ao seu redor. Ela é só. "Talvez, como você também, durante a sessão, nesta segunda-feira, tudo igual, sempre igual. Você continua sentado aí, você é um móvel para mim também". Alguma coisa semelhante a isto.

Bion: eu gostaria de sugerir, parece-me que este *self* – do qual ela está ansiosa para fugir – é uma coisa muito difícil, mesmo para mim, de descrever. Eu me sinto bastante seguro de que sei do que ela está falando, mas eu acho muito difícil descrever. A melhor maneira que tenho para descrever é: é uma forma de *urge para existir*. Agora, o *urge para existir* do qual eu estou falando, parece-me ser completamente indiferente para meros seres humanos. Este *urge para existir* não se importa que nós morramos ou morramos ao nascer, ou de outra forma. Seus pais, igualmente; o *urge para existir* os força a dar à luz a uma criança, quer eles desejem isto ou não. Assim, ela mesma é um produto do mesmo *urge para existir*. Ela está à mercê deste *urge para existir*. Ela está assustada de ficar inteiramente só [*all-alone*] com este *urge para existir* – que não se importa com o que possa acontecer a ela. Isso é completamente sem piedade. É a impressão que isso me transmite. Ela está, eu penso, aterrorizada por algo de que seus pais são escravos e do qual ela pode se tornar escrava também. Ela é escrava desse *urge*, desse impulso. Ela própria é apenas um objeto em seu caminho.

Sem dúvida, tudo isto é muito teórico e muito problemático![3] . . . completamente indiferente para com os seres humanos. Se eles forem exterminados, então, outra coisa existirá em seu lugar.

T: ela está perguntando se estas são conjecturas do paciente. Nós temos a impressão de que são suas palavras. Está o senhor dizendo que são do paciente?

Bion: eu estou dizendo que são minhas, mas eu suspeito de que isso é alguma coisa de que nós todos somos vítimas. A paciente nota isso ou ela odeia isso. Odeia simplesmente ser escrava desse impulso. Não importa se ela morra ao nascer ou não, ou se ela tem 17 ou 70 anos. Mesmo aos 17, ela teve uma criança de que ela não pôde cuidar. Mesmo aos 17, ela teve de ter um parceiro sexual, quer ela o desejasse ou não, ou quer ele a desejasse ou não. Ela tem suas razões para estar com medo desse impulso que a usará para produzir uma nova vida. Assim, isso é sentido como algo aterrorizador. Uma espécie assustadora de senhor dominador, não só de seres humanos, mas de todas as formas de vida, não se importando se estas formas de vida são algas, germes ou *coccus* e, se a raça humana for exterminada, isto ainda encontrará uma coisa ou outra, para nela continuar a existir.

A: algo como uma teoria de encarnação?

Bion: sim, isso. Mas, se não for encarnação, então será *implantação*. Plantas farão o mesmo. Se não forem os bacilos, serão os *coccus*. Se não for vida animal, será vida vegetal. Recentemente, tem sido sugerida a existência de uma forma de objeto animado que não é vegetal nem animal.

3 Mudança de fita, algo não foi gravado.

A: existirão, então, duas espécies de *self* ou ego. Um que preexiste e outro que usa este *urge para a vida*, ela ou a paciente e surge isto e usa esta outra vida. . .

Bion: eu penso que Id ou Ego podem ter uma certa semelhança com isso; mas eu suspeito que isto seja relativamente superficial. Eu penso que isso é mais do que humano, e nós todos, em última instância, só investigamos seres humanos. É tudo o que podemos fazer. . . nós apenas podemos psicanaliticamente analisar um ser humano particular.

T: por quê? Não teria o senhor dito que Freud algumas vezes trabalhou com o "instinto de autopreservação"? Porque eu tenho a impressão de que estamos falando de impulso no sentido geral das espécies. . .

Bion: eu penso que. . . podemos colocar isto nos seres humanos, mas isso porque os seres humanos desejam continuar a existir. No entanto, o impulso para o qual estou tentando apontar, e com o qual eu penso que ela está aterrorizada, não se importa com o que acontece com ela. É por isso que você depara com esse estado de coisas no qual você observa mortalidade maternal, mortalidade infantil. Essa coisa não se incomoda com o que acontece com a mãe ou a criança, desde que a vida possa continuar. . . O mero fato de a mãe ou a criança morrerem não importa, é só encontrar uma outra mãe ou criança, e assim por diante. Se os seres humanos se acabarem, este tipo de impulso recorrerá às plantas.

P3: não seria a *capacidade negativa* que o senhor já mencionou, responsável por sermos capazes de pensar sobre isso?

Bion: não. Eu penso que é a peculiaridade do animal humano que deparou com o *pensamento*, e isto causou um terrível distúrbio. Eu penso que nós odiamos ser esta espécie de animal que pensa. Nós não sabemos que fazer com isso.

P3: com o ato de pensar?

Bion: hum-hum. . . É uma espécie de fatalidade [*curse*] sob a qual vivemos. . . Nós pensamos: "*Cogito ergo sum, sum ergo cogito*". Você pode olhar da forma que quiser. Mas somos apenas parte e parte dessa estória. Quando isto começou, ou como começou, eu não sei. . . Mas estamos envolvidos em uma decisão que foi tomada. . . os céus sabem quando! Assim, estamos sob a obrigação de continuarmos a pensar. . . e, agora, temos outra dificuldade: desejamos pensar com propriedade. Temos este aparelho para pensar, mas queremos saber como pensar. . . ou como pensar claramente!

P4: por favor, eu quero fazer uma pergunta a respeito disso. Esta questão de como pensar é um problema muito sério. Mas os seres humanos esquecem que é melhor para eles pensar. . .

Bion: eu não penso que saibam disso.

P4: bem, esta é apenas uma opinião.

Bion: é apenas um pequeno número de pessoas – como nós – que pensa que devemos pensar. Eu penso que a grande maioria das pessoas gostaria – se você puder concordar com o trabalho de Freud "Os dois princípios do funcionamento mental", de ir direto do impulso para a ação, sem pensar.

P4: mas a questão é: é isto uma assertiva moral? Esta que eu fiz, que é melhor para os humanos pensar. . .?

Bion: é muito difícil de se saber, porque parece existir uma forma de *moral inata*. A esse respeito, eu penso, por exemplo: a Igreja Católica Romana fala sobre o pecado original. Eu penso que é isto o que ela quer dizer. Nascemos com um sentimento de culpa, nascemos com isto que um dia se tornará uma forma de *consciência*. Mas o pecado original primordial não é exatamente uma consciência; ela pode ser tornar uma, ou parece que pode.

Assim, eu penso que isto é uma outra coisa fundamental, como este ponto que eu mencionei antes. Parece-me que o *sentimento de dependência e de ser inteiramente só* é também fundamental. Assim é a culpa.

A: o senhor está afirmando que nós nascemos com essa culpa?

Bion: parece que sim. Sem dúvida, mais tarde isso envolverá matérias como discriminação entre o bem e mal.

P1: soa como a história do pecado original, a expulsão do Paraíso; não seria, entretanto, uma boa versão da origem desta dinâmica...

Bion: bom, eu penso que existe o desejo de acreditar que existe ou existirá um Paraíso. Houve um tempo em que estávamos no Céu... haverá um tempo em que estaremos no Céu! O que é desconcertante é o *agora*... e agora não estamos no Céu... não estamos no Paraíso!

A: o senhor disse que sente assim, que teria sido condenado [*cursed*]. Nós odiamos esta situação de sermos capazes de pensar.

Bion: hum, Humhum...

A: nós odiamos este *urge para viver*, de um lado. De acordo com isto, eu penso que sentimos culpados, uma espécie de culpa. Culpa primária. Nascemos sentindo culpa. Como se fôssemos amaldiçoados, expulsos de um outro estado, que seria sermos sempre culpados.

Bion: eu penso que não é tanto este *urge a viver*, mas ser escravos deste *urge a viver*. Temos que nos alimentar, temos que nos vestir, temos que nos curar.

P5: qual é a sua opinião a respeito da observação que tão poucas pessoas aparentemente pensam?

Bion: a observação que. . .?

P5: aparentemente tão poucas pessoas são capazes de pensar? Tão poucas. . .

Bion: isto é, depende do padrão de comparação usado. A ideia é baseada no padrão de se pensar com propriedade. Você poderá sentir que muitas pessoas podem pensar, mas eles não pensam com propriedade, ou não pensam com clareza. Mas o fato é: o ser humano é um animal muito imperfeito. Isto é bastante claro se observarmos a criança. O bebê tem de ter uma mãe ou um pai, mas não existe nenhuma mãe ou pai para o homem ou mulher adultos. Não existe ninguém para cuidar deles, exceto eles próprios. . . O resultado é: têm de providenciar para si mesmos roupas, alimento, trabalho. . . e mesmo conservarem seus corpos e suas mentes em condições de trabalho – não importa se gostem ou não. Entretanto, nós não vamos com a mesma velocidade. A mesma coisa parece aplicar-se a nós mesmos. Por exemplo: nosso aparelho genital pode não se mover com a mesma velocidade que nossa habilidade para ver. Nossa habilidade para ouvir pode não se mover com a mesma velocidade do aparelho dos corpos adrenais. No embrião, como sabemos, podemos ter alguma ideia acerca do desenvolvimento dos corpos adrenais, o desenvolvimento das gônadas. Depois que nascemos, novamente, nosso canal alimentar assume sua função. A importância é se o nosso sistema alimentar está sentindo fome, sentindo que necessita algo dentro, assim, isto se complica pelo fato de nós nos darmos conta então de que pensamos. Depois, nos deparamos com outra dificuldade, porque nos conscientizamos de que precisamos pensar com clareza, em seguida encontramos pessoas que hoje em dia consideramos possuir uma visão científica. Isto é ainda uma aspiração na direção do conhecer o que a verdade é. Não importa se somos religiosos, artistas ou músicos. Todos nós sentimos uma pressão para fazê-lo com propriedade. A música imitada, a pintura imitada, a escultura imitada não são suficientemente boas, bem como uma análise de imitação. Incontável número de pessoas aprendem a usar palavras como: complexo de Édipo, inferioridade. . . não sabemos o que essas palavras significam. . . A tarefa da análise didática é tentarmos aprender o que essas palavras significam. . . Não apenas palavras que são ruídos, que possam soar como se nós pensássemos, mas sermos capazes de pensar, tanto quanto soarmos como capazes de pensar. Isto pode ser resumido pela um tanto sarcástica afirmativa de pessoas que confundem sons profundos que vêm do peito com profundos pensamentos que vêm da mente.

P5: posso fazer uma pergunta, já que o tempo está terminando? Eu tentei elaborar se esse sentimento de culpa, como o senhor disse, é algo. . . é uma peculiar herança humana, assim como pensar é uma peculiaridade humana, no sentido que o senhor emprega. Eu me perguntava se esse pecado original, ou esse sentimento de culpa, pode ser relacionado com o fato de que nós não conseguirmos pensar claramente, se essa culpa básica, com a qual nascemos, não surge porque sentimos que nunca pensamos perfeitamente.

Bion: não. Não penso assim. Eu penso que a dificuldade é como harmonizar, ou como casar nossa habilidade para pensar com a nossa habilidade para sentir. Entretanto, não é bom nos tornarmos tão intelectuais a ponto de não termos nenhum sentimento humano. Por outro lado, existe o problema, se permitirmos ser pessoas que sentem, então como evitar a situação na qual nossa capacidade para sentir esmague [*overwhelms*] nossa capacidade para pensar? Eu penso que existirá sempre esta forma de tempestade ocorrendo dentro de nós. Algumas vezes as ondas do pensamento crescem tão alto que nossa capacidade para sentir é submersa; outras vezes, nossa capacidade para sentir cresce tanto que nossa capacidade de pensar é submersa. Isto é algo que acontece comigo. . . eu, como qualquer um de nós, quando perdemos nossa capacidade para pensar, quando entramos em pânico, sentimos medo. . . ou perdemos nossa capacidade para sentir medo ao ponto de fazermos coisas extremamente perigosas, como fazermos guerra [*waging war*], na qual, afinal de contas, chances existem de que possamos ser mortos. Assim, de acordo com esse ponto de vista, você não pode decidir ser uma pessoa completamente desprovida de sentimentos. Porque, se puder consegui-lo, então você poderá terminar sendo um caso psiquiátrico, um que pode ser indistinguível do estado de pânico. De outro lado, se você permite ter sentimentos, você poderá chegar ao ponto de ser maníaco-depressivo; indo da altura da mania para a profundeza da depressão; da profundeza da depressão para a altura da mania e assim por diante. "*Fluctuat nec mergitur*", como Freud disse quando ficou impressionado pelo mote de Paris. "Fustigado pela tempestade, mas não submerso".[4] Até aqui, temos conseguido ficar à superfície, até aqui. Mas podemos ser submersos se nos tornarmos tão intelectuais, como essa paciente que está com medo de se viciar à psicanálise, significando com isso ser uma pessoa que somente pensa e nunca sente, ou uma pessoa que somente sente e nunca pensa. Esses são os extremos. De momento a momento, existe sempre o problema de como decidir. Agora, o que é que decide. . . eu não sei. Eu não sei se algum de vocês tem alguma ideia a respeito. Superficialmente, soa como. . .[5] Eu penso que os jesuítas chamam isso de *arbitrium*. . . O que decide? Quando decidimos não sermos dominados por sentimentos como o medo, ganância ou sexo. . . O que decide? Se é alguma coisa relacionada ao cérebro? O cérebro nasal? O rinencéfalo, o

4 Esse brasão da cidade de Paris aparece citado por Freud no frontispício de *História do movimento psicanalítico*, no qual ele relata todas as turbulências e tempestades pelas quais teve de passar, sem nelas se submergir, quando ele, durante aproximadamente dez anos, foi a própria psicanálise!

5 Mudança de fita neste ponto.

diencéfalo? cerebelo? O sistema linfático? O baço? Ou esta coisa aqui em cima? Ou é isso uma espécie de troca neuronal gigantesca? Como em um sistema telefônico, no qual todos os fios se juntam, e a troca é aqui em cima em nosso corpo. Eu não sei se... nossas investigações psicanalíticas podem lançar alguma luz nisto, porque eu não penso que os neurocirurgiões ou os neurologistas podem fazê-lo. Eu penso que o método tem de ser por meio daquilo que podemos ver com a mente. Assim, existirá sempre o problema que concerne a um paciente individualmente, um paciente particular; mas também o problema geral que concerne não só a um paciente particular, mas a todos nós; não só a todos nós, mas também a este particular.

Reflexão clínica

O ser humano é um animal muito imperfeito.

W. R. Bion, 1978

Parto da epígrafe, que faz parte do texto da supervisão apresentada, para tecer algumas considerações que nos balizarão na discussão do Seminário Clínico (S12): "O ser humano é um animal muito imperfeito".

De forma complexa, penso que parte de nossa "imperfeição" está relacionada aos estados mentais primordiais que Bion apontou nesse Seminário:

- consciência moral primitiva;
- solidão ↔ dependência;
- urge para existir.

Bion refere ser útil ajudarmos os analisandos a tomarem consciência de seus estados mentais primordiais, uma vez que eles constituem condição "fundamental" e "básica" no desenvolvimento humano. Estão sempre presentes no nosso psiquismo como vestígios de estados arcaicos que se manifestam em nosso cotidiano. A consciência desses aspectos primitivos de nossa personalidade não os transforma em algo diferente, mais evoluído... O que podemos conseguir é conhecer mais profundamente sobre esses estados primordiais, o que parece ser melhor do que os ignorarmos.

O seminário ocorreu em São Paulo, em 1978, cerca de um ano e meio antes da morte de Bion. Ele denota algo típico se sua forma de trabalhar: Bion tenta guiar o grupo na direção daquilo que ainda não conhece, buscando evidências que tentam emergir a partir do que o grupo está vivendo (mais do que o que se está narrando). Quando ele explicita seu pensamento, faz isso de forma a abrir novas questões, que permitem, por sua vez, emergirem novas perguntas. Essa atitude de buscar o desconhecido exige tolerância, tanto para dúvidas como para o que vai surgindo de forma insidiosa. Por exemplo, logo no início do seminário, Bion orienta-se para aquilo que aguarda evolução; em vez de privilegiar o que vem narrado como a psicopatologia da analisanda – crises de pânico, filicídio, negação das perdas, luto não elaborado etc. –, ele prefere abordar o que aparece à sua intuição como experiência emocional não contida pela analisanda, ou seja, a presença simultânea de dois sentimentos desagradáveis: ser só e dependente do outro.

O seminário evidencia que Bion tinha alcançado uma visão aprofundada da mente, para além de suas propostas inovadoras apresentadas em *Transformações* e *Atenção e interpretação*. De 1976 em diante, nos seus artigos, seminários e supervisões, assim como em *Uma memória do futuro*, Bion passou a incluir referências às manifestações dos estados mentais primordiais, que fazem parte de uma parte somática da mente separada da mente simbólica/protossimbólica pela cesura do nascimento. Esses registros são inacessíveis se partimos do simbólico → indiferenciado, mas não no sentido inverso; podemos partir do indiferenciado e, por meio de intuições, traçarmos "conjecturas imaginativas"[6] sobre esses estados primordiais da mente (Braga, 2018).

Para apresentar essas ideias, Bion costumava usar o modelo da presença de restos embrionários nas pessoas, como os identificados em tumores de vestígios caudais e branquiais, que são tumores, em geral, malignos, que surgem de resíduos patogênicos de nossa embriogênese e que fazem parte de nossa evolução filogenética.

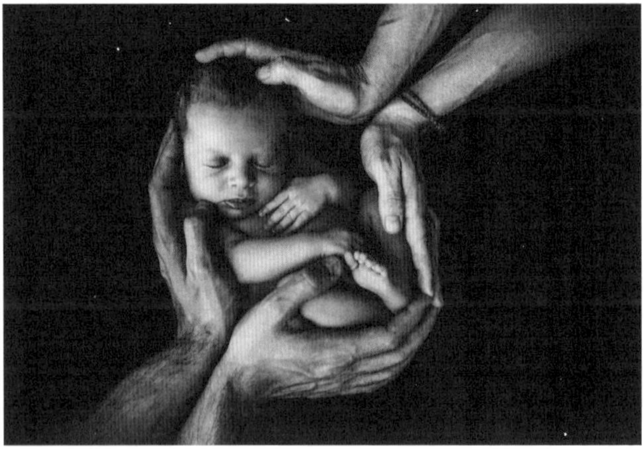

Figura 18.1 – [foto], por Isaac Quesada (https://unsplash.com).

6 Bion qualificou essas ideias como conjecturas imaginativas, pois são ideias aguardando a aquisição de maior massa crítica para permitir-nos nelas pensar de forma mais organizada. Ele mesmo deixou essas hipóteses sem um maior desenvolvimento epistemológico, mantendo-as ao nível descritivo-analógico, embora delas tratasse em muitos momentos nos seus três últimos anos de vida.

Nessa supervisão, Bion aponta três formas de manifestações dessa camada primordial da mente: estados de mente de "ser só e dependente" ("*being all-alone and dependente*"), "o impulso urge para existir" ("*the impulse urge to exist*") e a existência de uma "consciência moral primitiva" ("*primitive conscience*"). Nesse Seminário, encontramos aproximações a todas essas manifestações, o único lugar de sua obra em que estas surgem reunidas, o que torna essa comunicação especialmente significativa.

Visitaremos brevemente cada um desses conceitos e então partiremos para uma conversa livre sobre o Seminário em questão.

- O "Ser só e dependente" nos remete a uma conjunção constante: *solidão ↔ dependência*. Somos todos seres absolutamente únicos neste mundo; ninguém tem uma impressão digital igual à minha ou uma íris igual (para pensarmos em identificadores modernos), e, ao mesmo tempo, somos também seres gregários, vitalmente dependentes uns dos outros. Como indivíduos, desde o nascimento, precisamos de alguém que nos cuide, alimente etc., ou morreremos; como espécie, sabemos que, desde os nossos ancestrais das cavernas, organizamo-nos em bandos, dividindo tarefas e funções. Bion explicita essa ideia no verbete "Dependent" em *A Key to "A Memoir of the Future"*, em que ele escreve: "A mim parece que mesmo um bebê – embora ele não possa verbalizar isto – sente-se dependente e só". Essas experiências são apresentadas como "sentimentos desagradáveis" ("*unpleasent feelings*") com os quais sempre convivemos, nos quais o desagradável está em ser incompleto, ser "dependente de pessoas e coisas" e, ao mesmo tempo, "só" ("*all-alone*"), único, singular.
- O termo "Urge para existir" é aqui descrito como uma espécie de impulso para existir. É uma força da natureza que é

muito maior do que nós, humanos, como seres individuais; é uma energia que busca a continuidade do existir, da vida. No nível pessoal, é postulado como um urgir[7] do qual o indivíduo pode se sentir um "escravo", o que pode provocar ódio e rebelião contra essa dominação. É uma força que nos obriga a acasalar e procriar, quer queiramos ou não, e, caso a humanidade seja extinta, quem sabe por um futuro coronavírus ou Guerra Mundial, essa força continuará, seja nas plantas, nas bactérias, nos vírus etc. Ela não se importa conosco como pessoas ou com a nossa espécie.

- A ideia da "consciência moral primitiva" se manifesta geralmente como estados mentais caracterizados por fortes sentimentos de culpa, pânicos, medos primitivos e injustificáveis, terrores-sem-nome etc. Ela tem como característica básica o estar sempre pronta a dizer o que não devemos fazer, mas nunca o que devemos. Paralisa o ser do indivíduo e pode prejudicar nosso desenvolvimento, atravancando-nos em emoções primitivas, que, muitas vezes, ficam submersas, disfarçadas de teorias, muitas das quais religiosas, sobre como deveríamos ser. Corresponde a uma dimensão extremamente primitiva do superego freudiano, incapaz de ser permeável por pensamento mais evoluído. Só cobra, exige, manda. . . Não tem conversa!

Todos esses componentes da mente primordial podem vir a provocar uma rebelião no indivíduo, que, eventualmente, pode encontrar expressão derradeira em autoassassinato. O suicídio seria

7 Urgir: estar prestes a acontecer; necessitar com urgência; não ser dispensável; ser inadiável; solicitar com insistência; exigir ou necessitar; andar ao lado; seguir de perto; obrigar; fazer com que alguém faça algo (<https://www.dicio.com.br/urgir/>).

uma forma dramática na qual o indivíduo pode tentar pôr fim a esses impulsos que ele sente como escravizantes.

Figura 18.2 – Habilidade para pensar ↔ habilidade para sentir. [imagem], por Angely Acevedo (https://unsplash.com).

Então, diante de tudo isso, o que podemos fazer?

No próprio Seminário, Bion propõe:

> *Eu penso que a dificuldade é como harmonizar, ou como* casar nossa habilidade para pensar com a nossa habilidade para sentir *[grifo meu]. Entretanto, não é bom nos tornarmos tão intelectuais a ponto de não termos nenhum sentimento humano. Por outro lado, existe o problema, se permitirmos ser pessoas que sentem, então como evitar a situação na qual nossa capacidade para sentir soterre nossa capacidade para pensar? Eu penso que existirá sempre esta forma de tempestade ocorrendo dentro de nós. Algumas vezes as ondas do pensamento crescem tão alto que nossa capacidade*

> *para sentir é submersa; outras vezes nossa capacidade para sentir cresce tanto que nossa capacidade de pensar é submersa.*

Na psicanálise, nosso "deus" é a verdade, é de quem somos devotos. Verdade, com compaixão madura e humildade, não a verdade a qualquer custo, que não passa de arrogância (Bion, 1957). Na relação analítica, a tragicidade da condição humana é o nosso guia e, com amor e verdade, podemos gradualmente mapear nossos territórios protomentais, nomeando o que for possível, "construindo" (Freud, 1937) símbolos nas lacunas que eventualmente ficaram falhas.

Eis o perturbador e maravilhoso mundo da mente humana! Carecemos um do outro e, ao mesmo tempo, somos únicos, solitários e indivisíveis. Somos simultaneamente dependentes e sós, e, desde que nos conscientizamos desse fato da natureza, temos de aprender a tolerar essa dolorosa condição, suavizando severidades superegoicas, assassinas do ego. Sendo suficientemente possível essa continência, por meio da oscilação dinâmica e dialética do sentir ↔ pensando ou do pensar ↔ sentindo, a realidade/verdade eventualmente nos oferecerá alguns caminhos possíveis para a evolução da nossa singularidade.

Referências

Bion, W. R. (1993). On Arrogance. *Second Thoughts*. Karnac. (Trabalho original publicado em 1957).

Bion, W. R. (1965). *Transformações: mudança do aprendizado ao crescimento*. Editora Imago.

Bion, W. R. (2006). *Atenção e interpretação*. Editora Imago. (Trabalho original publicado em 1970).

Bion, W. R. (1975). *Uma memória do futuro*. Vol. I, Sonho. Editora Imago.

Bion, W. R., & Bion, F. (1981). *A Key to a Memoir of the Future*. Clunie Press.

Braga J. C. (2018). Comentários sobre a Supervisão S12. In *Bion no Brasil*, organizadores: Howard B. Levine, José Américo Junqueira de Mattos, Gisèle de Mattos Brito. Blucher.

Freud, S. (1937). Construções em Análise. In *Edição standard brasileira das obras psicológicas completas de Sigmund Freud* (Vol. 23, pp. 290-304). Editora Imago.

Impressão e Acabamento

Bartiragráfica

(011) 4393-2911